HSU

「仏教論」シリーズ 2

他力信仰について考える

ABOUT THE FAITH IN OUTSIDE POWER

大川隆法

Ryuho Okawa

まえがき

当会の仏法真理の歴史に関する基本書に『黄金の法』や『大悟《たいご》の法』がある。仏陀をはじめとする有名な仏教者についての簡潔《かんけつ》な叙述《じょじゅつ》がなされているが、登場人物とその基本的思想に焦点をあてて、一層専門的レベルの講義書が内部出版で出されている。

今回、幸福の科学大学創立にあたって、『仏教論』について取りまとめてほしいとの要望が文部科学省側から出されたので、私の仏教思想及びその解釈について、外部出版として公けにすることにした。仏教学の専門家の講義として十分に通用する内容であるので、幸福の科学大学の宗教的側面を支える力を持つものだと思う。

当会の仏教理解が十分に学問レベルに達しており、専門科目として教授するにたる内容となっていると思う。

本書を出発点として更なる仏教研究が可能になると考える。

二〇一四年　八月十日

幸福《こうふく》の科学《かがく》グループ創始者兼総裁《そうししゃけんそうさい》

幸福《こうふく》の科学大学創立者《かがくだいがくそうりつしゃ》　大川隆法《おおかわりゅうほう》

他力信仰について考える　目次

他力信仰《たりきしんこう》について考える

――『黄金の法』講義③――

二〇〇二年八月二十二日　説法《せっぽう》
東京都・幸福の科学総合本部にて

他力信仰《たりきしんこう》について考える

――『黄金の法』講義③――

二〇〇二年八月三十日　説法《せっぽう》

東京都・幸福の科学総合本部にて

1　はじめに

本書では、『黄金の法』（幸福の科学出版刊）のなかで述べた、仏教の流れ、特に、他力信仰《たりきしんこう》についての話をしたいと思います。

本書でカバーする範囲《はんい》は、基本的に、『黄金の法』の第4章「太陽の昇《のぼ》る国」の7節「念仏宗走る《ねんぶつしゅう》」から8節「親鸞《しんらん》の出現」までの内容であり、源信《げんしん》、法然《ほうねん》、親鸞などが対象になります。

この法話《ほうわ》をするにあたり、私は事前に、源信、法然、親鸞、それから聖徳太子《しょうとくたいし》などの〝関係者〟を呼んで話をしました。

「呼んで話をする」とは、この世的には分かりにくい話で、どういうことかと思われるかもしれませんが、私は霊《れい》と話ができる珍《めずら》しい人間であるため、関係者が言ってほしくないこともあろうかと思い、少し意見を聴取《ちょうしゅ》したのです。だいたいの人は特に異論《いろん》がないようでしたが、親鸞には少し意見があり、「『念仏宗は仏教ではない』と言わないでほしい。やはり、仏教のなかに入れておいてほしい」という一点について、願い出てきました。

親鸞は、「間違《まちが》っても『仏教ではありません』と切って捨てないでほしい。切って捨てられると困るので、仏教に入れてほしい。『浄土宗《じょうどしゅう》、浄土真宗《じょうどしんしゅう》も、エル・カンターレの慈悲《じひ》の側面を強調した宗教である』というように理解してもらってほしい。そうでないと仏教から出てしまうので困るのです」と言っていたことを、あらかじめ述べておきます。

また、ややマスコミ的な質問であったかと思いますが、「ところで、そちらの世界へ行って、法然と親鸞との関係はどんなふうになっているのか」ということを遠回しに彼らに訊《き》いてみました。

それについては、「言いにくいことではありますが、親鸞のほうが少し上の世界にいるような感じがします。影響力《えいきょうりょく》が大きかったので、そのようになっているのかもしれません」というような答えでした。確かに、この世的にはそうなっているので、そのとおりかもしれません。

そのような要請《ようせい》があったので、基本的に、「念仏宗も仏教の範囲内である」というラインのなかで話をしていくことにします。仏教のなかにおける「解釈《かいしゃく》の違い」、あるいは、「強調する点の違い」の範囲であるということで、浄土宗や浄土真宗等も仏教に入れておきたいと思います。多少怪《あや》しいと思うところがあっても、そこは「解釈の違い」ということにしておきます。

人間として、いろいろなことを考えるのは当然のことですし、「仏教でカバーしない範囲がある」というのも残念なことです。仏教は寛容《かんよう》な教えなので、できるだけなかに取り込《こ》んでいきたいと考えています。

基本的なスタンスとしては、そのようなところです。

2　エル・カンターレと阿弥陀信仰《あみだしんこう》の関係

①　天上界《てんじょうかい》の釈迦《しゃか》の指導《しどう》を受けていた大乗《だいじょう》仏教

浄土教《じょうどきょう》は、大乗《だいじょう》仏教のなかの一つです。

大乗仏教とは、主として西暦《せいれき》紀元前後、紀元前一世紀から紀元後一、二世紀ごろまでの間に、釈迦《しゃか》（釈尊《しゃくそん》）が遺《のこ》した教えを奉《ほう》じる人たちによって起きてきた宗教です。

出家中心の修行《しゅぎょう》をする仏教は小乗《しょうじょう》仏教といわれ、スリランカ、タイ、ビルマ（ミャンマー）のほうへ行った流れです。今では「南伝《なんでん》仏教」「南方《なんぽう》仏教」ともいわれています。基本的には原始仏教のスタイルをいまだに守っていると言えます。

南伝に対し、中国経由《けいゆ》のもの、中国やチベット、朝鮮《ちょうせん》半島、それから日本に来たのは「北伝《ほくでん》仏教」「北方《ほっぽう》仏教」です。基本的に、北伝仏教のことを「大乗仏教」と呼《よ》んでいると考えてよいでしょう。

南方仏教では、「釈迦の正統《せいとう》な教えを守っているのは自分たちである」と考えています。

南伝の人たちは、いまだに原始仏教と同様の托鉢《たくはつ》をし、「三衣一鉢《さんねいっぱつ》」の生活をしており、阿含経典《あごんきょうてん》を中心とした教えを守っています。阿含経典には、人間の生き方のようなもの、道徳のような教えが多く説かれているので、そちらを中心にして、いわゆる出家修行者のかたちで托鉢生活をしています。

彼らは、「北伝仏教は、釈迦没後《ぼつご》、何百年かたってから創った経典、『偽経《ぎきょう》』に基《もと》づいた教えを展開して、にぎやかに広げたもの」という見方をしているため、「北伝仏教は釈迦の教えではない」と思っています。

しかし、北伝、大乗仏教のほうでは、そうは思っていません。「自分たちは仏教を発展させたのだ」という考えを持っています。

「釈迦の時代は、中インドの狭《せま》い範囲《はんい》でやっていた小さな宗教だった。これを世界的に広げていくために、大乗、大きな船のような器《うつわ》になって、大勢の人々を救う宗教にするのだ。そのために、いろいろな経典がつくられた。その経典も、まったくの偽経というわけではなく、きちんと釈迦直伝《じきでん》の教えを汲《く》んで、一つの特色を持った新しい経典をつくったのだ」ということです。

そういう意味で、浄土教系の人たちにとっては、浄土経典だけが偽経のような言われ方をするのは不本意でしょう。『法華経《ほけきょう》』や密教《みっきょう》系の経典など、ほかの大乗経典もあとでつくられたものなので、それを言われたら、大乗仏教はみな終わりになります。そうではなく、大乗経典は釈迦の本意を汲んでつくられたということです。

仏教には「嘘《うそ》を言うなかれ。偽《いつわ》りを言うなかれ」という妄語戒《もうごかい》があるので、「大乗経典は、すべて妄語になるのではないか。これは嘘ではないのか」という捉《とら》え方をする意見もあるでしょうが、そうではありません。

大乗経典をつくった人たちは無名です。自分の名前を遺していません。「釈迦と弟子との問答」というかたちで、釈迦が語ったことにして書いています。すべて「釈迦の直説《じきせつ》」ということになっているので、自分の名前を書くわけにはいかないのです。

そのため、大乗経典をつくった人たちは無名なのですが、妄語をしたわけではありません。彼らの位置づけは、ちょうど、キリスト教、あるいは『旧約聖書《きゅうやくせいしょ》』でいう「預言者」の立場にあったと解釈《かいしゃく》できるのです。

釈迦没後、三、四百年たつと、「仏教の真説が分からなくなってきている」ということで、仏弟子《ぶつでし》の流れのなかから、特定の選ばれた人が、預言者的な立場で出てきました。一種の霊能力《れいのうりょく》を持った人が出てきたのです。

旧約の預言者が神の声を聞いたように、預言者的な立場に当たる仏弟子が、天上界《てんじょうかい》にいる釈迦の声を聞いたのです。大乗仏教は、「大乗にして広げよう」という釈迦の本心を実際に聞いた人が、その思いを託《たく》して経典をつくり、広げた運動であるということです。

実際の広がり方を見ると、天上界からの釈迦の指導なくして、インド以外の国に広がるということは難しかったでしょう。また、中国も、朝鮮半島も、日本も、仏教国になっているわけなので、ありがたいことではあったと思います。実証的、考古学的な分析《ぶんせき》でもって、「本物か偽物《にせもの》か」ということを議論することもあるでしょうが、「死んだ人間は口をきかない」というのは、この世での話であり、あの世では口をきくのです。あの世に還《かえ》った人も、仕事をしたいと思っています。

西暦紀元前後のころ、エル・カンターレの力は、キリスト教が起きた西のほうでも働いていましたが、仏教のほうでも、大乗運動を起こす力として働いていたということです。天上界から慈悲《じひ》の思いが強く出てきて、大乗運動が起こり、その時代に合うように経典を変えながら広げていったのです。

後世、経典のすべてを釈迦の直説と思い、一字一句、間違いなく実践《じっせん》しようとする人たちがいたことについては、若干《じゃっかん》の悲劇性《ひげきせい》がないわけではありません。ただ、みな、思いにおいては、そう間違ったことをしようと思っていたわけではなく、真剣《しんけん》であったと思います。「いかにして仏教を救済《きゅうさい》の原理として使うか」ということを熱心に考えていたのでしょう。

そのようなところが、大乗仏教の全体的な見方、位置づけです。

②仏の慈悲《じひ》の心を強調した浄土教《じょうどきょう》

大乗には幾《いく》つかの流れがありますが、そのなかで、特に浄土教《じょうどきょう》は、仏の慈悲《じひ》の心を強調し、救済ということに重点を置いた教えであると言えます。

ある意味で、浄土教は、小乗からは最も離《はな》れたスタイルであり、「勉強して悟《さと》る」「坐禅《ざぜん》して悟る」というような優秀《ゆうしゅう》な人を相手にしているわけではなく、「無教養で、悪いことをたくさんしているような底辺層《そう》の人まで救う」ということを重視した教えだということです。そのように考えてよいと思います。

それを中国で翻訳《ほんやく》したり広げたりし始めたわけです。

浄土教は、文字どおり、「浄土の教え」です。この「浄土」と「極楽《ごくらく》」は、ほぼ同じ意味として使われるようになっているので、同義語と言ってもよいでしょう。「浄土」と言ったり、「極楽」と言ったり、「極楽浄土」と言ったりしています。

浄土教の教えには「阿弥陀仏《あみだぶつ》」が出てきますが、仏教のなかには数多くの仏の話が出てきます。「あの世には仏がたくさんいて、一人の仏が一つの国を治めている」という考え方があります。

この考えは間違いではありません。「仏」という言い方がふさわしいかどうかは分かりませんが、イエスなどもそうです。

イエスがこの世に生まれ、あの世に還れば、確かに、キリスト教の霊界《れいかい》ができます。そこに亡《な》くなったクリスチャンたちが集まってきて、一つの霊界ができてきます。

マホメット（ムハンマド）が生まれ、あの世に還って、イスラムの王国ができれば、当然、イスラム教の霊界ができてきます。

そのようなかたちで、この世に救世主、またはそれに近い存在の人が出てきて、その宗教が広がれば、それを信じた人たちがあの世に還ったときに、一つの国がつくられます。

したがって、浄土教の阿弥陀仏については、「仏の国はたくさんあるけれども、西のほうに『西方浄土《さいほう》』という極楽浄土があり、この極楽世界を治めているのが阿弥陀仏である」という設定です。

これは一種の「多仏信仰《たぶつ》」ではありますが、仏教のなかには昔の仏の話がたくさん出てくるので、その一つと考えれば、そういう位置づけは可能です。

また、「西方浄土」と言って、西方、西のほうであるということを強調するため、「これは西のほうの宗教が入ってきたものではないか」という疑いを持っている学者もいます。

例えば、ペルシャ地方にはゾロアスター教があったので、「阿弥陀仏は、ゾロアスター教のアフラ・マズダーのような光の神に似ている。起源はゾロアスター教ではないか」と言う人もいます。また、「いや、ペルシャを越《こ》えて、エジプトが起源ではないか。エジプトの宗教が流れてきて、それが仏教に入ったのではないか」という意見もあります。

確かに、エジプトからペルシャ、インドまでの地域は、すでに、さまざまな文物や人が行き来してつながっていたので、当然、西方の宗教思想も入ってきていたでしょう。経典編纂者《へんさんしゃ》たちは、そういう影響《えいきょう》を受けて経典をつくった可能性があります。

「西方」ということが強調されることについて、「これは、エデンの園の信仰を持ってきたのではないか。『極楽浄土』として説かれているものは、あまりにも『エデンの園』に似ているではないか。極楽とはエデンの園のことなのだ」という説を主張する学者もいます。

私は、以前、「阿弥陀仏は、エジプトの『アモン・ラー信仰』から起きたものだろう」ということを述べたことがあります。アガシャーの息子《むすこ》であるアモン二世が、アトランティスからエジプトに逃《のが》れてきて、「アモン・ラー信仰」をエジプトに根づかせたのですが、それが阿弥陀仏の起源になったのだろうと思います。

実際に、「このアモン・ラーと阿弥陀は同じものなのではないか」という意見を述べる人もいます。

また、「アモン」と「アーメン」という言葉がよく似ているということも言われます。

浄土教のなかに出てきた人たちは、天上界のグループとしては、白色光線であるイエス系のグループとかなり近い仕事をしていることは事実です。そういう人たちは、実際に、キリストの弟子の再誕《さいたん》であることが多くあったので、両者は混在《こんざい》しているのです。「慈悲」の側面を担《にな》っているという意味では、似たような使命を持った人たちがかなり出ています。

こういう人たちが日本に出て浄土宗《じょうどしゅう》や浄土真宗《じょうどしんしゅう》などをつくったため、外国から日本にキリスト教を入れようとしても、なかなか入れないのです。

キリスト教のほうは、日本に入れない理由がどうしても分かりません。「どうして日本人はこんなに頑迷《がんめい》なのだろう。なぜキリスト教を受け入れてくれないのだろう」と彼らは言っていますが、すでに、イエスの弟子たちが「仏弟子」のスタイルで入っていたのです。したがって、浄土教とキリスト教は、基本的にあまり変わらないのです。

それから、キリスト教の前からあったユダヤ教には戦闘《せんとう》的な部分がありますが、それは日蓮宗《にちれんしゅう》とよく似ています。日蓮宗と浄土教、浄土真宗等があれば、事実上、日本ではキリスト教が要《い》らないのです。

キリスト教は、明治以降に日本であれほど伝道してきたのに、どうしても、人口の一パーセント以上はクリスチャンが増えないので、「おかしい、おかしい」と言っているのですが、すでに考え方としては入ってきているため、必要がないわけです。すでに〝伝道〟は終わっているのです。

このように、阿弥陀仏についての学者の見解はたくさんありますが、これをあまり細かく分析すると、起源が仏教以外のものになってしまい、親鸞《しんらん》も浄土真宗の信徒たちも悲しむことになるので、あまり言わないことにします。「すべてはエル・カンターレの下《もと》にある。浄土教も仏教の仲間であり、エル・カンターレの『慈悲』の側面を受けた教えの流れのなかにあるのだ」と考えてください。

③阿弥陀仏はエル・カンターレの救済《きゅうさい》的側面の象徴《しょうちょう》

浄土教では、「南無阿弥陀仏《なむあみだぶつ》」という念仏《ねんぶつ》を称《とな》えます。

「では、『南無阿弥陀仏』と称えたら、本当に阿弥陀仏が聴《き》いてくださるのか」と、誰《だれ》もが思うことでしょう。

そこで私も、「いちおう実験はしておかなければいけない」と思い、先般《せんぱん》、試してみました。「誰が出てくるだろうか」と思いながら、「南無阿弥陀仏、南無阿弥陀仏」と、十回ほど称えてみたところ、なんとヘルメスが出てきたのです。

「実際に〝阿弥陀仏〟という個性を持った霊存在《れいそんざい》がいるわけではなく、ほかに出るべき者もいないので、やむをえず、私が出てきました」ということでした。

阿弥陀仏は「愛と慈悲」の側面を持っている存在であり、その「愛」の教えの根源にはヘルメスがいるということになります。そこでヘルメスが出てきたわけです。そのような関係なのです。

ただ、阿弥陀仏に祈《いの》ったら、すべてヘルメスに行くかといえば、そんなことはありません。天上界には救済《きゅうさい》を担当《たんとう》している、さまざまな霊団《れいだん》があるので、祈った人がキリスト教的な人であれば、そちらの霊団につながることもあるでしょうし、別の人が祈れば、それ以外の霊団につながることもあるでしょう。

「『南無阿弥陀仏』と称えたらヘルメスが出てきた」ということは、笑い話にされてもいけませんが、ギリシャは西方《さいほう》にあるので、確かに「西方浄土」かもしれません。

「浄土教では『エル・カンターレ（大乗の仏陀《ぶっだ》）の救済的な側面』のところを『阿弥陀仏』と理解していた」というかたちで捉《とら》えたほうが、全体的に善意《ぜんい》の理解になると思います。

エル・カンターレのなかには、阿弥陀仏のような救済的な側面だけではなく、大日如来《だいにちにょらい》や毘盧遮那仏《びるしゃなぶつ》といった真理の側面もあります。真言宗《しんごんしゅう》などの密教《みっきょう》の経典『大日経《だいにちきょう》』などで説かれている大日如来は、仏の真理の側面を表したものです。生きている人間の仏ではなく、真理の側面を「大日如来」と呼んでいます。また、真理の側面としては、「毘盧遮那仏」という呼び方をすることもあります。

したがって、「他の諸《しょ》経典のなかでも、エル・カンターレの側面について、いろいろな呼び方をしているのだから、浄土教も阿弥陀仏でよいではないか」と言うならば、それでもよいと思います。

親鸞は、生きていたときに、阿弥陀仏をどのように理解していたかというと、基本的には「釈迦の真仏《しんぶつ》」というように捉えていたようです。これは、ある意味で当たっています。

当会でも、仏という存在について、「地上で悟りを開いた人間のことを『仏《ほとけ》』と呼ぶだけでなく、天上界には本体・分身等の魂のグループが残っており、地上に出ていない部分が存在する」という考え方をしています。大乗の時代には、そのことにだいたい気がついていたということです。

これが分かったということは、「当時、地上で経典を書いていた人たちは霊《れい》能者《のうしゃ》であり、霊界の事情をキャッチしていた」ということは間違いありません。

そのようなわけで、阿弥陀仏という特別な仏がいるのではなく、「仏教的色《しき》彩《さい》を持ちながらエル・カンターレのなかの慈悲の面が強く出てきた信仰」と考えてよいと思います。

インドのほうから漢訳《かんやく》、つまり、中国語に翻訳された仏教の経典はたくさんありますが、そのうちの四分の一ぐらいがこの浄土系統の経典なので、これを無視してはやはり大乗仏教としては成り立ちません。

当会としては、「阿弥陀信仰はエル・カンターレの慈悲の側面を表したものである」と捉えたほうがよいでしょう。

3　日本に伝えられた他力信仰《たりきしんこう》

①中国の浄土教《じょうどきょう》

中国では、五世紀から七世紀にかけて、曇鸞《どんらん》、道綽《どうしゃく》、善導《ぜんどう》という人が次々と出てきました。

彼らの基本的な考え方は、「仏教には、『難行道《なんぎょうどう》』（難しい教え）と『易行道《いぎょうどう》』（易《やさ》しい教え）がある。ただ、時代はすでに『末法《まっぽう》』の世に入っている。末法の時代は、世の中が悪くなっているために、難しいことを言っても人々は救われない。この人々を救うためには、易行道、易しい道がいちばんである」というものでした。

彼らは、正法《しょうほう》・像法《ぞうほう》・末法の時代があると考えていました。「釈迦没後《しゃかぼつご》、千年は『正法』の時代、次の千年は『像法』の時代、それから『末法』の時代に入る」というような考え方です（注。五百年、五百年、千年という数え方をする説もある）。

しかし、当時は、歴史上の年代があまり明確ではなかったため、計算の仕方がよく分からなかったようで、彼らは「すでに末法に入っている」という理解をしていたのです。そして、末法の時代の人々を救うためには易行道がよいと考え、念仏《ねんぶつ》の教えを弘《ひろ》めたわけです。

ただ、「念仏」そのものも、だんだん簡単なほうへと変化していきます。

先に挙げた中国浄土教《じょうどきょう》の三人のなかで、「南無阿弥陀仏《なむあみだぶつ》」と称《とな》える「口称《くしょう》念仏」を行うことに一本化していこうとした人が善導です。

もともとの念仏の教えには、「仏を想《おも》う。観想《かんそう》する」という「観仏《かんぶつ》」の意味での念仏と、「『南無阿弥陀仏』のような言葉を称える」という意味での念仏の二つがあり、浄土教ではこの両方の教えを持っていましたが、善導のあたりで、「口称念仏のほうを中心にやりたい」という感じが強く出てきたのです。

②鎌倉《かまくら》期以前の浄土教

念仏の思想について、多くの日本人は、「鎌倉《かまくら》時代あたりに、法然《ほうねん》と親鸞《しんらん》が広げた」というイメージを持っているでしょうが、飛鳥《あすか》時代から奈良《なら》時代には、仏教の一部としてすでに日本に入ってきています。

当時、東大寺などでも一部の教えが使われていたので、鎌倉時代に始まったわけではありません。ただ、その教えを特に強調して取り出したのが、鎌倉仏教の彼らであるということです。

「聖徳太子《しょうとくたいし》も念仏を称えていた」など、すでに一部では使われていましたが、「念仏宗《ねんぶつしゅう》」として強く出てきた人としては、まず、恵心僧都源信《えしんそうずげんしん》が挙げられます。源信は平安時代中期の人（九四二年〜一〇一七年）です。

この源信と同時代で、源信の四十歳《さい》ぐらい先輩《せんぱい》に、空也《くうや》（「こうや」とも読む）上人《しょうにん》という人がいます。「市聖《いちのひじり》」「阿弥陀聖《あみだひじり》」などともいわれていた人です。みなさんも、日本史の教科書等で、「南無阿弥陀仏」の六字を表す、六体の阿弥陀仏を口から出している空也上人の像を見たことがあるのではないでしょうか。

この人が全国を遊行《ゆぎょう》して、念仏の教えをかなり広げていたのです。人々に尊敬もされていました。すでにこの時代から、念仏宗の下地づくりは始まっていたということです。源信より四十歳ぐらい年上の人が、先達《せんだつ》として活動していたのです。

また、親鸞がモデルにした、賀古《かこ》（兵庫県加古川市《ひょうごけんかこがわし》）の教信沙弥《きょうしんしゃみ》という人もいました。教信は、河原《かわら》に掘《ほ》っ建《た》て小屋《ごや》を建てて住み、妻帯《さいたい》して、日中からずっと念仏を称えていた人です。「妻帯して念仏する」というスタイルは、教信がすでにやっていたのです。この人は、「自分が死んだら、体を野良犬《のらいぬ》に与《あた》えて食べさせる」というようなことをした人でした。

親鸞は、教信をモデルにして、「ああいうふうになりたい」と思っていたようなので、妻帯も念仏も親鸞の独創《どくそう》というわけではないのです。すでにモデルはあったということです。

4　源信《げんしん》と『往生要集《おうじょうようしゅう》』

①　霊体験《れいたいけん》が豊富《ほうふ》だった他力門《たりきもん》の教祖《きょうそ》たち

源信《げんしん》は、念仏《ねんぶつ》の道としては、かなりはっきりしたものを説きました。

『黄金の法』には、「源信の過去世《かこぜ》はイエスに洗礼《せんれい》を施《ほどこ》したバプテスマのヨハネであり、源信として生まれたあと、スウェーデンボルグとして生まれた」ということが書いてあります。これは、当会以外ではあまり信じてもらえない説かもしれませんが、本人に確認した結果はそのようです。

スウェーデンボルグは、十七世紀から十八世紀にかけての人で、霊界探訪記《れいかいたんぼうき》を数多く書いた人です。

その前に源信として出たときに、『往生要集《おうじょうようしゅう》』を出しました。これは源信のいちばん有名な本です。

『黄金の法』のなかには、スウェーデンボルグ時代と同じように、源信の時代にも、天国・地獄《じごく》を見てきたということが書いてあります。

ただ、『往生要集』は、仏教のいろいろな経典《きょうてん》を調べ尽《つ》くし、地獄や極楽《ごくらく》の様子が書かれた部分を抜粋《ばっすい》したものです。したがって、全部がオリジナルというわけではなく、経典のなかの地獄や極楽の描写《びょうしゃ》をまとめたものなのです。

こういうかたちでの書物は、それまでに一度も出たことがなかったものであり、世界初の書物です。実に上手につくった本だと思います。

これを学問的に言えば、「霊界を見てきて書いた」という言い方ではなく、

「経典を編集《へんしゅう》、編纂《へんさん》した」という言い方になるかもしれません。しかし、私が源信に、「あなたには霊能力《れいのうりょく》があったのか、なかったのか」と訊《き》いてみたところ、「実体験がなければ、こういう本は書きません」と言っていました。それはそうでしょう。やはり、実体験があったのです。

特に、念仏宗系の人は、よく霊体験をしています。「南無阿弥陀仏《なむあみだぶつ》、南無阿弥陀仏」と念仏を称《とな》えているうちに、だんだん恍惚《こうこつ》状態《じょうたい》に入っていき、幽体離脱《ゆうたいりだつ》をしたり、霊界と通じやすくなってきたりするのです。これは、少し呪文《じゅもん》のようです。そのように言われることを親鸞《しんらん》などは嫌《いや》がっていましたが、やはり呪文によく似ています。

念仏を一日に六万遍《べん》も七万遍も称えているうちに、原始宗教のシャーマンのように、一種の陶酔《とうすい》状態になってきて、霊界が見えてきたり、いろいろなものが語りかけてきたりするようになるのです。
書かれた文献《ぶんけん》としては遺《のこ》っていませんが、おそらく源信も経験《けいけん》があったのでしょう。

②理観《りかん》・事観《じかん》・称名念仏《しょうみょうねんぶつ》という段階論《だんかいろん》

源信自身は、口称念仏《くしょうねんぶつ》だけが正しいと主張していたわけではなく、『黄金の法』に書いてあるように、人間の素質を見て、上・中・下の三段階に分け、バランスを取って考えていました。

修行《しゅぎょう》に適《てき》した「上」のタイプの人に対しては、天台《てんだい》教学の理《り》を観ずる「理《り》観《かん》」を勧《すす》めました。理観とは、心のなかで静かに真理を観ずること、真理を考えることです。これは、ある程度、頭が良くないと、そのようにはできません。教義《きょうぎ》や理論など、真理について考えることができるような人は、頭の良い人です。

そこまで至ることができない人、要するに、抽象《ちゅうしょう》思考ができない人、形而上《けいじじょう》学《がく》が分からない人には、次に、仏の具体的な相状《そうじょう》を観ずる「事観《じかん》」を勧めました。「仏の具体的な姿を念《おも》いなさい」という教えです。これが念仏のもう一つの定義です。「仏をありありと念う」という意味での念仏として、この「事観」を勧めました。

それにも耐《た》えられないという人もいるでしょう。そういう極悪深重《ごくあくじんじゅう》の人に対しては、まったくの方便として、「称名《しょうみょう》念仏」を勧めました。

「念仏を称えるだけであっても、何も信仰心《しんこうしん》がないよりは、ずっとよいに決まっているから、ただただ念仏を称えなさい。『難しいことを言っても分からないし、瞑想修法《めいそうしゅうほう》を教えられても、できるわけがない』という人は、仏を念うこともできないだろうから、とにかく、『南無阿弥陀仏、南無阿弥陀仏』と称えなさい」ということです。

源信はこのような三段階で教えていました。

③『往生要集《おうじょうようしゅう》』に書かれた地獄《じごく》の様相

『往生要集《おうじょうようしゅう》』の影響力《えいきょうりょく》は非常に大きく、その後、千年近くにわたり、日本人の霊界観をかなり決めてきたところがあります。そういう大きな影響を与《あた》えたことが、源信が如来界《にょらいかい》に還《かえ》れた理由の一つだろうと思います。日本人の霊界観のほとんどは、この『往生要集』によってできてきたのです。

『往生要集』のなかには、地獄《じごく》のことがたくさん書かれています。

地獄には、大きく分けると「灼熱《しゃくねつ》地獄」と「寒冷地獄」という二つのタイプがありますが、源信は、『往生要集』のなかでは基本的に寒冷地獄のほうを省略し、熱い地獄ばかりを書いています。

その理由はよく分かりませんが、お寺の修行が寒かったため、寒冷地獄のことをあまり書きたくなかったのかもしれません。冬の京都をはじめ、お寺は寒い場所にあることが多いので、それが地獄だと言われても困ると考え、熱い地獄ばかりを書いたのかもしれません。そのように、源信は熱い地獄を中心にして、地獄全体の半分だけを説いています。

また、地獄を数多くの段階に分けています。基本的には、釈迦《しゃか》の説いた五戒《ごかい》

（不殺生《ふせっしょう》・不偸盗《ふちゅうとう》・不邪婬《ふじゃいん》・不飲酒《ふおんじゅ》・不妄語《ふもうご》）を犯《おか》した種類によって分けています。その五つの戒《いまし》めを一つ破った段階から、二つ、三つ、四つと、破った量が多くなるほど、深くてきつい地獄に堕《お》ち、さらに、それ以外の罪まで重ねた人は、いちばん下の地獄まで行くという考え方をしています。

このように、源信は、極めて体系的で、〝法学部〟的な考え方をしています。非常に理知的な考え方です。

私が『往生要集』を緻密《ちみつ》に読んでみたかぎりでは、この内容をまともに適用されたら、現代人《げんだいじん》の九九・九パーセントの人は、確実に、地獄行きから逃《に》げられなくなるはずです。誰《だれ》しも、一生の間には五戒のどれかに反することをするものですし、そもそも、食べるためには殺生を避《さ》けられません。そのため、「誰も逃げられないので、とにかく、念仏を称えないと助からない」ということであったのかもしれません。

・等活《とうかつ》地獄

いちばん浅い地獄は「等活《とうかつ》地獄」といい、殺生の罪だけで行く地獄です。「人間を殺したら地獄へ行く」ということであれば納得するでしょうが、ここで説かれている殺生はそのような狭《せま》いものではありません。この「殺生」とは、あらゆる生き物、命を持っているものを殺すことです。この行為《こうい》から逃《のが》れられる人はいるでしょうか。

みなさんのなかに、一生に一度も蚊《か》を殺したことのない人はいますか。蚊取り線香《せんこう》や殺虫剤《さっちゅうざい》のようなものを使ったか、手で叩《たた》いたか、その手段は問いませんが、蚊を殺したことがあるでしょう。

また、ゴキブリを殺したこともあるでしょう。蜂《はち》だって殺してしまいます。そのような、人間にとって害虫とされるようなものを見つけたときに、殺したことがあるはずです。

さらに、人間の食べ物とするために、当然、生き物を殺しています。

このように、源信の思想によれば、地獄行きから逃れられる人は、基本的に誰もいません。まず殺生のところで引っかかるので、逃れられないのです。

この殺生の罪で地獄へ行く人は、最初は「等活地獄」に行きます。これは地獄のいちばん浅いところにあります。「等活」とは、文字どおり、「等しく活《い》(生)きる」ということです。

等活地獄に堕ちた人は、赤鬼《あかおに》や青鬼《あおおに》のような獄卒《ごくそつ》に追いかけられて、頭を鉄《てつ》杖《じょう》や鉄棒《てつぼう》で叩きつぶされたり、刀で体をぶち斬《き》られたりと、さんざんいじめられて、地獄のなかで〝死ぬ〟わけです。ばらばらになったり、粉々になったり、ぺしゃんこになったりして死にます。

ところが、どこからともなく涼風《りょうふう》がふーっと吹《ふ》いてくると、死んだ人が、みな、ふわっと生き返ってくるのです。「みんな等しく、活（生）き返れ」ということで、元に戻《もど》って、起き上がるのです。これが「等活」ということです。すると、また鬼が追いかけてきて、体をばらばらにされたり、踏《ふ》みつぶされたりして殺されます。でも、しばらくすると、風が吹いてきて活（生）き返るのです。

等活地獄は、このようなことを永遠に繰《く》り返しさせられる恐《おそ》ろしい地獄ですが、現代的に分析《ぶんせき》しても、確かに、これと似たような地獄があり、当たってはいます。

これにいちばん似ているのが、自殺者が行く地獄です。自殺者のなかには、自分が死んだことも分からない人が大勢います。

例えば、ビルから飛び降《お》り自殺をした人であれば、死んでからも、ビルの屋上に上っては、何回も何回も飛び降りをしています。「自分はぐちゃぐちゃになって死んだ」と思ったのに、しばらくすると生き返るため、また屋上から飛び降りるということを繰り返しています。

首吊《くびつ》り自殺をした人であれば、死んでからも、何度も何度も首を吊っています。それでも死ねないので、今度は地上に生きている人に取り憑《つ》いて、他人に首を吊らせるようなことをするのです。

このように、何度も何度も、死ぬ瞬間《しゅんかん》を繰り返し体験するのです。そういう意味では、等活地獄の内容は、現代的にもよく知っている姿かもしれません。

そこには霊界の真実が入っているのです。「殺生」と「自殺」とでは罪の重みが一致《いっち》するかどうかは分かりませんが、いちばん浅い地獄にはそのようなところがあります。

・黒縄《こくじょう》地獄

等活地獄の一段下《いちだん》には「黒縄《こくじょう》地獄」があります。

「黒縄」とは、黒い縄《なわ》のことです。昔、大工が建材に線を引くときに、「墨《すみ》縄《なわ》」と言って、凧糸《たこいと》のような道具を使っていました。この縄でぴしっと墨を打ち、線を引いてから切っていたのです。それと同じように、黒縄地獄では、そこに堕ちた人の体に黒い縄で切れ目をつけてから切っていくわけです。

これは昔の話ではありますが、現代的に言うと、「外科医が出てきて、メスを持って執刀《しっとう》する」ということになります。かたちは少し違《ちが》っているとしても、基本的に、刃物《はもの》で体を切られたり切断《せつだん》されたりする地獄は現在にもあるのです。黒縄地獄は、「殺生」のほかに、もう一つ、「盗《ぬす》み」も加わった人が行く地獄です。「与えられていないものを取った」ということです。

そうすると、この理論によれば、ゴキブリを殺して万引きをしたら、黒縄地獄行きとなり、墨縄で印をつけて切られることになります。これは大変なことです。絶対に逃げられないので、「南無阿弥陀仏」と称えなければならなくなります。

さらに、一回称えただけでは救われない人は、六万遍でも七万遍でも百万遍でも称えたら何か功徳《くどく》があるということで、念仏を勧めていたのかもしれません。ちなみに、京都には、百万遍の念仏の功徳に由来する「百万遍」と呼ばれる場所もあります。

・**衆合《しゅごう》地獄**

黒縄地獄の下には、「衆合《しゅごう》地獄」があります。

この「衆」も「合」も、ともに「合わさる」という意味です。

この地獄には、鉄の山のようなものがあります。「鉄の山があるな。なんだか嫌《いや》な感じだな」と思っていると、それが自分に向かってきて、すりつぶされるのです。

恐怖《きょうふ》映画などでは、ときどき、扉《とびら》が両側から迫《せま》ってきて、「ああ、助けてーっ」というようなシーンが出てきますが、それと似たようなことが起きるのです。まさに地獄図です。多くの苦しみが集合して身に迫ってきます。

これを衆合地獄と言い、「殺生」「盗み」に加えて「姦婬《かんいん》」の罪、いかがわしい異性遊びをたくさんした人が行きます。この三つを犯《おか》した人がすりつぶされる地獄があるわけです。

・焦熱《しょうねつ》地獄、大焦熱地獄、阿鼻《あび》地獄

これ以外にもたくさんの地獄があります。

例えば、衆合地獄の下には「焦熱《しょうねつ》地獄」があります。

焦熱地獄は、火山の火口のようなところから硫黄《いおう》の熱風が吹《ふ》き上げ、とにかく熱くて熱くて、じりじりと焼き殺されるような地獄です。さらにすごい「大焦熱地獄」もあります。

いちばん下は、いわゆる「阿鼻《あび》地獄」です。ありとあらゆる責《せ》め苦に襲《おそ》われる地獄です。

『往生要集』を丹念《たんねん》に読むと、阿鼻地獄ともなると、とにかく地獄の住人が逃げられないようにするために、お城《しろ》や刑務所《けいむしょ》のように周りを囲ってあると書かれています。インド的な表現ではありますが、阿鼻地獄の周囲には、ものすごく厳重《げんじゅう》に囲われた壁《かべ》があります。

そこには、怪獣《かいじゅう》としか思えないものがいます。怪獣映画に出てくる鳥のような怪獣や、蛇《へび》から竜《りゅう》になった怪獣のようなものがたくさんいて、逃げるところのない人たちを、「これでもか、これでもか」と、水や火で責め苛《さいな》みます。そういうきつい地獄が、いちばん下にあります。

そこまで書いてあるとは想像力が豊《ゆた》かですが、当たらずといえども遠からずで、そういうきついところがないわけではありません。

なお、それぞれの地獄には、「付属地獄」といわれる幾《いく》つかの小地獄が存在します。

・衆合地獄のなかにある「刀葉林《とうようりん》」

さらに具体的に分かりやすく述べるならば、それぞれの地獄のなかにはさまざまな責め苦があります。

例えば、先ほど述べた、鉄の山で擂《す》り鉢《ばち》のように潰《つぶ》されるという衆合地獄のなかでは、「刀葉林《とうようりん》」という地獄が有名です。

刀葉林は、刀身《とうしん》のように鋭《するど》く尖《とが》った葉が生えている林です。異性関係、色情《しきじょう》関係で人生を破綻《はたん》させて死んだような人は、この刀葉林の地獄へ行きます。

刀葉林に行った人が、ふっと見上げると、木の上に絶世《ぜっせい》の美女がいて、「ここにいらっしゃい。私はここにいるわよ。おいで、おいで」と呼んでいます。美女を見た人は、まだ色情を断《た》てていないため、「ああ、あんな美女を何とかして手に入れたい」と思い、必死になって木をのぼろうとします。すると、カミソリの刃《は》のようについている木の葉が全部下を向き、体は切り裂《さ》かれて血みどろになります。

それでも美女を手に入れたいと思い、血みどろになって上までのぼると、いつのまにかその美女は下にいて、「あら、私は今、下に来ているのよ。こっちにおいで、おいで」と言っているのです。「せっかく上にのぼったのに、今度は下か」と思い、また下りていきます。

すると、今度はカミソリのような葉が全部上に向くため、下りていく人は切り裂かれて、さらに血みどろになるのです。

このようなことを永遠に繰り返すのが刀葉林という地獄です。「よくも書いたり」という感じはします。

これを現実のものとして理解しようとすると微妙《びみょう》なところがあるのですが、象徴的《しょうちょう》に解釈《かいしゃく》すれば、確かに、非常にもつれた男女関係と似たところがあるように思います。

世の中には、あまりにも〝魅力的《みりょく》〟すぎる女性もいます。二人、三人と、何人もの男性を手玉に取るような女性がいるわけです。それに引っかかって、身も心も捧《ささ》げてのめり込《こ》んでしまう男性が出てくるのです。そうなると、だいたいこの刀葉林の話とよく似た状態になります。

「身はぼろぼろ、心もぼろぼろ、すべてぼろぼろで、破滅《はめつ》になるのは分かっているのに、でもやめられない」という感じは確かに当たっており、男女の煩《ぼん》悩《のう》の闇《やみ》を上手に描いた地獄だと思います。

これは一つの象徴として捉《とら》えてよいでしょう。文学的に見たら、「逃げられないようになって、苦しみが続く」というのは、そのとおりです。

以上のように、「さまざまな地獄がある」ということが『往生要集』には書かれています。

④恐怖心《きょうふしん》があると周りが地獄に見えてくる

地獄の思想は、唯識説《ゆいしきせつ》のほうにやや近く、源信は、唯識説のなかからも採《と》って書いてあります。唯識とは、「心のみがある」という世界観です。

「実際は、心の世界である」ということなのですが、それはどういうことでしょうか。

例えば、何か犯罪を犯《おか》して全国指名手配になっている人がいるとしましょう。その人が、名前も姿も変えて潜伏《せんぷく》し、全国中を逃げ回っているときには、誰を見ても、相手が警察官《けいさつかん》のように見えます。カップルがそばに来れば、「これは、婦人《ふじん》警察官と警察官とが変装《へんそう》してきたのではないか」と思えたりします。

そのように逃げ回っている犯罪者の心理状態では、周りの人がみな警察官に見えるし、宿屋の主人は密告者《みっこくしゃ》に見えるし、すべてが自分を責め苛もうとしている人のように見えるのです。

地獄へ行った人の心理も、これと同じようなものがあります。周りの人が赤鬼、青鬼のような姿となって出てきて、誰もが自分を責め苛んでいるように見えます。自分を傷《きず》つけたり苦しめたりするために、他の人々が存在しているように見えます。

この世においても、「自分は人から被害《ひがい》ばかり受けている」と感じている人はいるでしょう。「あの人は、自分をいじめてばかりいる。攻撃《こうげき》ばかりしてくる。人でなしだ」などと思っている人がいるかもしれません。誰でも人生の一時期にそのようなことを感じることはあるでしょうし、なかには、今、そう感じている人もいるかもしれません。

そのように見えている、その心が地獄なのです。そういう心の状態で死んで、あの世に行ったら、あの世の人たちが、みな、赤鬼、青鬼に見えるのです。

たとえ、かつて親友だった人の霊がやってきたとしても、その人の目には、棘《とげ》がたくさんついている鉄棒を持った鬼がやってきたように見えます。「やあ、××君」という親友の言葉が、「おまえを倒《たお》してやる。打ちのめしてやる」

と言っているように聞こえ、「すぐ逃げなければいけない」などと思うのです。

この心理はある程度分かるのではないでしょうか。

特に、相手が自分にとって嫌な人だったら、誰もがそう見えます。

例えば、学校で勉強についていけなくて落第したら、先生が、みな鬼に見えるのではないでしょうか。経験のない人には分からないかもしれませんが、世の中にはそういう人もいるはずです。

また、「学校がつらい」「学校に行きたくない」と言っている子供は、学校に行ったら、先生たちが、みな鬼に見えるでしょう。

友達からも、「あいつは、授業が分からないようなばかだ。そんなやつが学校に来て何をするのだ」などと言われて、いじめられたりします。

両親からも、「おまえは勉強ができない。零点《れいてん》ばかり取ってくる。もう高校になど行く必要はないから、学校をやめて働きに出ろ」などと言われて、いじめられます。

そうすると、誰もが鬼に見え、人生が地獄のように感じられるでしょう。まさに、地獄の世界はそのような世界なのです。

こういう考えが正しいことを裏打《うらう》ちするような事例もあります。人魂《ひとだま》に関する民俗学《みんぞくがく》の文献のなかに、次のような話が書かれています。

ある人が、何かの拍子《ひょうし》に幽体離脱《ゆうたいりだつ》をしてしまったそうです。そして、人魂となって村の道を飛んでいると、「ああ、人魂だ」と、村の男の子たちに見つかり、竹竿《たけざお》を持ってワアワアと言って追い回されます。追いかけられた本人が肉体に戻ってみると、「鬼たちが自分を責め苛もうとして襲《おそ》いかかり、追いかけてきた」というように見えたというのです。やはり、そのように見えるようです。

このように、恐怖心《きょうふしん》を感じると、その恐怖心が、自分の見ている光景をまったく違った世界のように見せるのです。

したがって、本当は、「どこかに地獄という具体的な場所があり、そこに堕《お》ちた人が、研《と》ぎ澄《す》まされた責め道具で、赤鬼・青鬼たちに責められている」というわけではないのです。本来、魂《たましい》の本質は「心」だけであり、「その人の心にはそのように見える」ということです。これが地獄の本質です。

例えば、男女の葛藤《かっとう》のなかで、ぎゅうぎゅうと締《し》め上げられ、「ああ、苦しい、苦しい。もう逃げられない」と感じて、破滅《はめつ》へ向かっていくようであれば、先ほど述べた刀葉林《とうようりん》の話のように、進めば進むほど、自分がカミソリの刃のようなもので傷つけられるように見えるということです。

したがって、意外に、赤鬼・青鬼の正体は、そういう責め苛む人ではないこともあるのです。

源信が書いている鬼（獄卒《ごくそつ》）たちも、地獄のそれぞれの持ち場で、しっかり説教をしたりしています。「おまえがこのようになったのは、こういうところが悪かったからだ。少しは慈悲《じひ》の心を持て」などと説教をしています。

もしかすると、この鬼といわれる存在は、霊界に還《かえ》った当会の会員の先輩《せんぱい》に当たるような人かもしれません。地獄に堕ちた人が、あの世に還った幸福の科学の講師資格者の姿などを見ると、赤鬼・青鬼のように見える可能性が極めて高いのです。要するに、「自分を〝責め苛む〟人たち」であるわけです。

勉強ができない人から見たら、厳しい学校の先生や、厳しい家庭教師、予備校の先生などは、みな、鬼に見えるでしょう。

それと同じように、あの世の教師役の人から、「あなたは、どうしようもない人生を生きて、こんなふうになったのだ。少しは反省しなさい」と説教されていることが、地獄に堕ちた人にとっては、鬼にいじめられているように、切り刻《きざ》まれているように感じるというところでしょうか。

したがって、地獄に堕ちた人に説教するような赤鬼・青鬼の正体は、光の天使の予備軍であることも多いのです。

でたらめな人生を生き、宗教を信じることもなく、破滅型人生を送っている人に対して、当会の熱心な信者や伝道者、講師などが二時間でも三時間でも説教をしたら、地獄の鬼にでもつかまったように見えるのではないでしょうか。おそらく、「鬼につかまった。助けてくれ」と思うことでしょう。

『往生要集』には、地獄についていろいろと書いてありますが、地獄に堕ちた人にはそのように〝見える〟ということです。地獄は、心の世界の表れなのです。

⑤ 灼熱《しゃくねつ》の地獄がある以上、寒冷地獄もある

源信が『往生要集』に書いたのは、主として熱系の地獄（「八熱《はちねつ》地獄」）ですが、それ以外に「寒冷地獄」「八寒《はちかん》地獄」というものもあります。

この地獄は、現実に、とても寒く、「その世界の霊が出てくると、ガチガチに冷える」という体験を私もしたことがあります。

灼熱《しゃくねつ》の地獄がある以上、寒冷地獄もあるのです。おそらくは、冷蔵庫《れいぞうこ》と同じような原理で、この両方の地獄をエネルギーが循環《じゅんかん》しているのではないかと思

います。

冷蔵庫が、なかを冷やしている一方で、背面などから熱を放射しているように、地獄にも、冷やすところと熱するところとがあるのでしょう。片方で強力に熱している以上、どこかで冷やさないと、エネルギーが釣《つ》り合いません。

そのようなわけで、「八寒地獄」と「八熱地獄」の両方があり、各人に適したところで修行をしているということです。

寒冷地獄のほうへ行く人は、おそらく、「人を信じられず、冷たい世界を見ている人」でしょう。

灼熱の地獄のほうへ行く人は、やはり、「煩悩の炎《ほのお》で焼かれている人」です。その炎は「業《ごう》の炎」であり、この世に生きていたときの苦しみが燃《も》えているのです。そのように考えればよいでしょう。

参考のために、『往生要集』のさわりを少し述べました。

5 「浄土三部経《じょうどさんぶきょう》」と法然《ほうねん》

① 父親の死にあい、出家した法然

源信《げんしん》の流れのなかに、「黒谷上人《くろだにしょうにん》」と呼ばれた法然房源空《ほうねんぼうげんくう》が出てきました。

法然は、現在《げんざい》の岡山県出身であり、一般《いっぱん》には、九歳《さい》で父親の死にあい、十五歳で比叡山《ひえいざん》に入って修行《しゅぎょう》したと言われています。

これについては、「比叡山に入ってから父の死を聞いた」という異説《いせつ》を盛《さか》んに主張している人もいます。ただ、一般的に見て、「父の死にあってから出家した」という説のほうが可能性が高いと思うので、私は、「九歳で父の死にあ

った」というオーソドックスな説のほうを採《と》ることにします。

法然の父親は、地方の豪族《ごうぞく》として、土地の治安警察《けいさつ》の仕事（押領使《おうりょうし》）をしていた人ですが、あるとき、以前から対立関係にあった権力者の一団《いちだん》に押《お》し入《い》られ、瀕死《ひんし》の重傷《じゅうしょう》を負い、それが原因で亡《な》くなったようです。

「幼い法然が襖《ふすま》の陰《かげ》から子供用の矢を射《い》て、夜討《よう》ちの相手の眉間《みけん》に当てたため、その傷《きず》がもとで犯人が分かった」など、そのときの話がいろいろと伝記に遺《のこ》っていますが、これは武勇談《ぶゆうだん》としてつくられたものと思われるので、余談《よだん》として措《お》いておくことにします。ただ、おそらく、父親が襲《おそ》われて最期《さいご》を迎《むか》える姿を、実際に法然は見たのでしょう。

父親は、死ぬ間際《まぎわ》に、「復讐《ふくしゅう》するなかれ。恨《うら》みをもって復讐しても、恨みはついにやむことがない」と、法然に語ったと言われています。この言葉は、釈《しゃ》迦《か》の教えどおりです。恨みをもって恨みに報《むく》いたら終わりがありません。恨みを消すには徳《とく》をもってしなくてはいけません。そのため、父親は、「復讐はするな」と言ったわけです。

「仇討《あだう》ちをしてはいけない。復讐は相《あい》ならん。そのかわり、おまえは出家して、わが菩提《ぼだい》を弔《とむら》ってくれ」と、父親は臨終《りんじゅう》のときに語りました。

そのようなことがあって、法然は出家し、比叡山で修行を積んでいったのです。

法然は、かなりの秀才《しゅうさい》で智慧《ちえ》のある人だったらしく、「智慧の法然房」ともいわれています。

親鸞《しんらん》などの弟子がいたころには、「法然上人は『勢至菩薩《せいしぼさつ》』の生まれ変わりだ」と信じられていました。勢至菩薩は智慧の菩薩です。

『黄金の法』では、四十三歳のときに、「善導《ぜんどう》の『観経疏《かんぎょうしょ》』と源信の『往生要集《おうじょうようしゅう》』の二本を中心にして、専修念仏《せんじゅねんぶつ》の信仰《しんこう》を確立させた」と書いています。そして、念仏に絞《しぼ》っていきました。

ただ、法然の場合には、いわゆる「南無阿弥陀仏《なむあみだぶつ》」一本ではなかったのです。法然自身は、先ほど述べた「観想《かんそう》念仏」も行《ぎょう》じていました。こちらのほうも得意だったようであり、「仏《ほとけ》の姿を観《み》た」ということをずいぶん言っています。どちらかというと霊体質《れいたいしつ》であり、霊能者《れいのうしゃ》だったようです。

②『無量寿経《むりょうじゅきょう》』――法蔵菩薩《ほうぞうぼさつ》の四十八願《しじゅうはちがん》

浄土三部経《じょうどさんぶきょう》は浄土教の基本となる経典《きょうてん》であり、『無量寿経《むりょうじゅきょう》』『観無量寿経《かんむりょうじゅきょう》』

『阿弥陀経《あみだきょう》』のことです。

まず、『無量寿経』（『大無量寿経』ともいう）という経典があります。このなかには「四十八願《しじゅうはちがん》」というものが書かれています。

この四十八願は、釈迦が「法蔵菩薩《ほうぞうぼさつ》」について語られた説法のなかに出てきます。

大昔、数多くの仏のなかに、「世自在王仏《せじざいおうぶつ》」（世間において自在である王）という名前の仏がいました。この世自在王仏の時代に、法蔵菩薩という人がいて、その仏の下《もと》で出家し、次のような修行の願を立てたのです。

「私は、一生懸命《いっしょうけんめい》に修行して、この上ない悟《さと》りを得たいと願っているが、修行にあたって願を立てる。そして、その願が成就《じょうじゅ》しないうちは、私は仏になるまい」という願を立てました。一般的に、その願は四十八願あると言われているわけです。

ただ、この誓願《せいがん》には、「二十四願」のものや、「四十七願」「四十九願」のものなど、さまざまな異本《いほん》があります。おそらく、後世の人がありがたい言葉をたくさん書いて、願の数を増やしていったのだろうと思います。

経典には、釈迦の説教として、法蔵菩薩の立てたすべての願が出てきますが、実際に、霊鷲山《りょうじゅせん》において釈迦が弟子たちの前で四十八も挙げて説いたかといえば、本当はそうではないでしょう。十ぐらいなら言えるでしょうが、四十八もあると、とても覚えきれるものではありません。おそらく、後世の人が、緻密《ちみつ》なものにしようとして、「これも必要だ。これも必要だ」と、机の上で一生懸命に頑張《がんば》って書いたのでしょう。

四十八願の最初の願は、簡単に説明すると、「私が仏になるときが来て、そのときに、この世界にまだ三悪道《さんあくどう》（「さんなくどう」とも読む）に堕《お》ちる人がいるようであれば、私は仏にはなりません」という内容です。

「三悪道」とは、地獄《じごく》・餓鬼《がき》・畜生《ちくしょう》という、六道《ろくどう》のなかでも下のほうの世界のことです。法蔵菩薩は、「その世界に、まだ、地獄・餓鬼・畜生の人がいるようだったら、私はこの上ない悟りを開くことはありません」という願を最初に立てたのです。

そのように、『無量寿経』では、理想的な極楽《ごくらく》浄土の姿や、理想的な仏道《ぶつどう》修行をしている人の姿が説かれています。「三悪道の人が救われていなかったら、私はまだまだ悟ったとは言えないから、仏にはならない」というようなことを、四十八の願として語っていくのです。

法蔵菩薩という人が世自在王仏の下で四十八願を立て、「それを全部成就しなければ自分は仏にならない」という願であったのに、「法蔵菩薩は、阿弥陀仏になってから、すでに長い長い年月がたっている」ということが経典に書いてあるのです。

「四十八願が成就しないうちは、自分は仏にならない」と言っていたのに、すでに仏になっているということは、「法蔵菩薩は四十八願を全部成就した」ということになります。

これが浄土教の根拠《こんきょ》なのです。浄土教では、「弥陀《みだ》（阿弥陀仏）の本願はすでに全部叶《かな》ったのだ」ということを教えの前提《ぜんてい》にしています。ここから親鸞などの救いの論理が数多く展開されていくわけです。

これが『無量寿経』です。この内容については、あとでさらに述べることにします。

③『観無量寿経《かんむりょうじゅきょう》』――王舎城《おうしゃじょう》の悲劇《ひげき》

それから、「浄土三部経」の一つに、『観無量寿経《かんむりょうじゅきょう》』という経典があります。

この経典は「王舎城《おうしゃじょう》の悲劇《ひげき》」を題材に採《と》って書かれています。

この王舎城のあった場所は、現在では荒《あ》れた山とその城壁《じょうへき》の跡《あと》の石ぐらいしか遺《のこ》っていませんが、釈迦の時代のインドにおける強国・マガダ国の首都です。

マガダ国は、当時のインド十六（大）国のなかでも最強の国の一つでした。

マガダ国には、仏陀《ぶっだ》に帰依《きえ》したビンビサーラ（頻婆娑羅《びんばしゃら》）という王がいました。ビンビサーラの后《きさき》を韋提希《いだいけ》（ヴァイデーヒー）夫人《ぶにん》といい、その子供が有名な阿闍世《あじゃせ》（アジャータシャトル）です。

阿闍世は、晩年のビンビサーラを幽閉《ゆうへい》し、王位を乗っ取りました。そして、自分の父親を餓死《がし》させようとしたのです。

韋提希夫人は、ビンビサーラを何とか救おうとして、ひそかに牢《ろう》まで食料を運びます。

やがて、そのことに気づいた阿闍世は、とうとう母親まで殺そうとしますが、大臣たちから、「今まで、自分の母親を殺す王の話は聞いたことがないので、やめてください」と諫《いさ》められたため、母親を殺すのは思いとどまり、幽閉したのです。

ただ、結局、父親のほうは餓死してしまいました。阿闍世はそのような罪をつくったわけです。

では、阿闍世は、なぜ、そのようなことをしたのでしょうか。

実は、「ビンビサーラ王がなかなか子供に恵《めぐ》まれなかった」ということに、事の発端《ほったん》がありました。韋提希夫人《いだいけぶにん》と結婚《けっこん》してから、ずっと子供に恵まれなかったのです。

あるとき、ビンビサーラは、子供のことを占《うらな》い師《し》に相談しました。

「なぜ、自分には子供ができないのだろうか」と訊《き》いたところ、占い師は、「いや、子供は生まれる。今、毘富羅山《びふらせん》で修行している仙人《せんにん》がいる。あと三年もしたら、その仙人は死ぬが、今度は太子《たいし》となって生まれ変わるだろう」と告げたのです。

それを聞いたビンビサーラ王は、早く跡継《あとつ》ぎが欲《ほ》しくてしかたがありません。とても三年も待っていられず、山に狩《か》りに行ったときにその仙人を見つけ、家《か》臣《しん》に命じて殺してしまいます。「早く転生輪廻《てんしょうりんね》して、自分のところに生まれ変わってきてほしい」ということで、焦《あせ》って仙人を殺してしまったわけです。

仙人が死んでしばらくすると、確かに、韋提希夫人に子供が宿り、おなかが大きくなりました。

そこで、また占い師に占ってもらうと、「これは恨《うら》みが残っています」と言われます。

「おなかには宿りましたが、恨みを持っています。この子は、生まれたら必ず父王を殺すことになるでしょう」と言われます（このことから、阿闍世は「未生怨《みしょうおん》」とも呼ばれている）。

もし、それが本当だとしたら、当たり前の話です。仙人は寿命《じゅみょう》よりも三年早く殺されてしまったので、当然、恨みは残ります。

仙人のほうにすれば、「殺されたのに、誰《だれ》がおめおめと親孝行《おやこうこう》の息子《むすこ》になれるか」ということです。

この話は、子供にいじめられたり虐待《ぎゃくたい》されたりしている親たちにとっては身につまされる話であり、今でも人気があるようです。

それで、「これは大変だ」ということになり、韋提希《いだいけ》も「どうしましょう」と心配します。自分の子供に殺されることになるのではたまりません。

ビンビサーラは、「この子は親殺しになる子だから、何とかしなければいけない」と、一計を案じ、韋提希が子供を産むときに高楼《こうろう》から産み落とさせることにしました。「自分の子を殺すのは忍《しの》びないから、自然に産んで、事故で死んだということにすればよい。出産のときに、高い所から産み落とせば、さすがに死ぬだろう」と考えたのです。何ともリアルな話です。

ところが、偶然《ぐうぜん》、赤ちゃんの小指が木の枝《えだ》に引っかかったため、死ななかったのです。ただ、そのときに引っかけた指は折れて曲がってしまいます。

阿闍世にはこのような出生秘話《しゅっしょうひわ》がありました。

その後、阿闍世は大人になってから、「釈迦教団《きょうだん》を裏切《うらぎ》った悪人」とも言われる提婆達多《だいばだった》（デーヴァダッタ）と手を組みます。

阿闍世の父親であるビンビサーラは、釈迦に対して支援《しえん》をしていましたが、老いぼれてきていました。そこで、提婆達多は阿闍世に対し、「おまえも早く王位を取って、私を次の仏陀にして信仰しろ」と言って、そそのかすわけです。それから、阿闍世は提婆達多に車五百台分もの布施《ふせ》をしたりするようになります。悪い者同士で親友になったのです。

あるとき、提婆達多が阿闍世に耳打ちします。

「おまえの出生の秘密を教えてやる。実は、おまえは、父親が殺した仙人の生まれ変わりなのだ。両親は、おまえが恨んでいることを恐《おそ》れて、出産のときに高楼から産み落として殺そうとしたが、小指が木の枝に引っかかって助かったのだ。おまえの指が曲がっているのが、その証拠《しょうこ》だ」ということを言われます。

「そうだったのか。両親がおれを殺そうとしたのか」ということで、阿闍世は逆上《ぎゃくじょう》するわけです。

この関係を見ると、すでに、阿闍世にも提婆達多にも魔《ま》が入っていたと言ってよいでしょう。

今は人工中絶《ちゅうぜつ》などで悩《なや》んだ親もたくさんいることでしょうから、身につまされる話ではあります。

阿闍世は、父親を幽閉して餓死させ、さらに母親まで幽閉してしまいます。

韋提希夫人は、「なぜ、こんなことになったのだろう。なぜ、私はこんな親《おや》不孝者《ふこうもの》の子供を産んだのだろう。王は、仏陀に帰依《きえ》して、一生懸命、信仰し、布施もしていたのに、晩年がこれほど哀《あわ》れなことになるとは。こんなことがあるのだろうか」と嘆《なげ》きます。まさに、この世の不幸です。

ちなみに、「ビンビサーラ王は仏陀と同年配だった」という説もありますが、実際には、仏陀よりも五つぐらい年下だったと思われます。

『観無量寿経』のなかには、こうした「王舎城の悲劇」のストーリーが書かれているのです。

④ 極楽浄土《ごくらくじょうど》を観《み》るための観法《かんぽう》

このあと、やや空想的な話ではありますが、『観無量寿経《かんむりょうじゅきょう》』の記述によれば、「幽閉された監獄《かんごく》のなかで、韋提希夫人が一生懸命に祈っていると、空中から大目連《だいもくれん》（マハーマウドガリヤーヤナ）と阿難《あなん》（アーナンダ）が飛んできて、さらに、釈迦が現れて説教をする」という設定になっています。

地獄のような心になっている韋提希が、「どうしたら私は救われるのでしょうか」と尋《たず》ねたところ、釈迦は、「極楽《ごくらく》世界を観《み》る秘法《ひほう》を教えよう」と言って、十六の観法《かんぽう》を教えたのです。そのように、「極楽浄土のありさまを、ありありと描く方法を教えた」ということが経典に書かれています。

この観法は全部で十六観もあって長いため、なかなか難しいのですが、以前、私は、「惣想観《そうそうかん》」と題して、この十六の観法のうち、前半の第八観まで教えたことがあります（一九九一年『発展思考』講義・瞑想修法）。

ちなみに、そのときの講義は、現在、ＤＶＤになっており（「希望の未来」セット所収〔宗教法人幸福の科学刊〕）、映像が非常によくできているので、このＤＶＤを用いて実修《じっしゅう》すると参考になるでしょう。

講義では、次の八つの観法を実修しています。

日没《にちぼつ》の太陽を想《おも》う「日想観《にっそうかん》」。

水と氷の美しさを想う「水想観《すいそうかん》」。

極楽の大地を想う「地想観《じそうかん》」。

極楽の宝樹《ほうじゅ》を想う「樹想観《じゅそうかん》」。

極楽の池を想う「宝池観《ほうちかん》」。

宝のような高殿《たかどの》を想う「宝楼観《ほうろうかん》」。

蓮《はす》の花でできた大仏の台座《だいざ》を想う「華座観《けざかん》」。

大仏の姿を想う「像身観《ぞうしんかん》」。

これは、先ほど述べた、源信の「事観」にもよく似ています。

このように、「仏の姿をいろいろと具体的に観ていくうちに、仏の真の姿と一体になれる修法を、釈迦が韋提希に教えた」という話が、『観無量寿経』の後半に書かれているのです。

これによって、韋提希は救われ、悟りを得て、極楽に還《かえ》る心の準備ができました。

話の顛末《てんまつ》としては、その後、提婆達多は仏弟子《ぶつでし》たちに折伏《しゃくぶく》されて教団から追い出され、阿闍世は、父親と母親に悪いことしたために、不治の病気になります。

阿闍世は、膿《うみ》がたくさん出てくるような大変な病気に罹《かか》り、全身がかさぶただらけになって困っていましたが、それを仏陀が「月愛三昧《がつあいざんまい》」という修法（月光のようにすべての衆生《しゅじょう》に愛される三昧《ざんまい》。慈悲《じひ》の三昧）で治してくれます。

病気を治してもらった阿闍世は、心を入れ替《か》え、仏陀に帰依《きえ》したのです。阿闍世は仏陀の信者になり、その後、マガダ国も強国になりました。「大変な悪人だった人が、熱心な信者になり、仏教《ぶっきょう》の擁護者《ようごしゃ》にもなった」という意味では、これも、廻心《えしん》、回心《かいしん》の物語の一つです。

『観無量寿経』には、一種の人間ドラマ、複雑《ふくざつ》な愛憎劇《あいぞうげき》が描かれているため、非常に心を打つものがあります。そういう内容に、浄土教関係者や、そのような苦しみに悩んでいる人たちは心を揺《ゆ》さぶられるのでしょう。

話の内容には、ややフィクション的なところがあるかもしれませんが、経典では、「このようなときには阿弥陀仏を頼《たよ》りにせよ」という言い方を強調しているので、ここの部分は、「生きている人間は天上界の仏神《ぶっしん》を頼れ」ということを伝えようとしているのだと理解してよいでしょう。

以上が『観無量寿経』についての話です。

⑤『阿弥陀経《あみだきょう》』は『無量寿経《むりょうじゅきょう》』と内容が重なっている

『無量寿経《むりょうじゅきょう》』は、世自在王仏《せじざいおうぶつ》のときに法蔵菩薩《ほうぞうぼさつ》が四十八願《しじゅうはちがん》を立てて、「これが叶《かな》わなければ、自分は成仏《じょうぶつ》しない」と言ったのに、すでに仏になったので、これが叶えられたという話が出ています。

『観無量寿経』は、「王舎城《おうしゃじょう》の悲劇《ひげき》」と十六観で出来上がっています。

それから、「浄土三部経」としては、『阿弥陀経《あみだきょう》』という経典があります。『無量寿経』は別名『大無量寿経』『大経《だいきょう》』ともいい、『阿弥陀経』は『小経《しょうきょう》』ともいいます。『無量寿経』も『阿弥陀経』も、元のサンスクリット本の原題は同じ名前です。

ただ、『無量寿経』は、マガダ国の霊鷲山《りょうじゅせん》において、釈迦が阿難《あなん》たちに対して説いたことになっています。『阿弥陀経』のほうは、コーサラ国の首都・舎《しゃ》衛城《えじょう》にあった祇園精舎《ぎおんしょうじゃ》において、釈迦が舎利仏《しゃりほつ》（シャーリプトラ）に対して説いたということになっています。

『観無量寿経』は、霊鷲山において、阿難たちに対して説き、王舎城に幽閉された韋提希夫人に対しても説いたことになっています。

したがって、コーサラ国のほうで説いたのが『阿弥陀経』ということになっているわけです。内容的には『無量寿経』と重なっている部分もありますが、非常に短いため、ありがたがられています。

⑥ 浄土系各宗派《しゅうは》によって重視《じゅうし》する経典《きょうてん》が異《こと》なる

この「浄土三部経」のなかで、『観無量寿経』を非常に大事にしている宗派《しゅうは》が浄土宗です。浄土宗は、法然を開祖《かいそ》とする宗派です。

法然自身も、この経典のなかで説かれている、「仏を観《み》る」という観想《かんそう》念仏をよく行《ぎょう》じていました。

一方、親鸞の浄土真宗では『無量寿経』を『大経』(『大無量寿経』)と呼んで重視しています。この経典のなかに出てくる「法蔵菩薩の四十八願」のうち、第十八願を「念仏往生《おうじょう》の願」ともいい、親鸞は、凡夫《ぼんぷ》にとっては難しい「観想念仏」のようなものから、阿弥陀仏への信心一本へと絞《しぼ》っていきました。これについては、あとで述べることにします。

『阿弥陀経』を重視したのは、「踊《おどり》念仏」で有名な一遍《いっぺん》上人の時宗《じしゅう》です。『小経』ともいわれる『阿弥陀経』を重視しました。

宗派《しゅうは》によって、このような違いがあるのです。

⑦念仏《ねんぶつ》を称《とな》えながら極楽世界を観ていた法然

法然は、「偏依善導《へんねぜんどう》」（ひとえに善導に依《よ》る）と言って、中国浄土教の善導という人を立てています。善導に傾倒《けいとう》し、その教えに従って「称名念仏《しょうみょうねんぶつ》」に一本化しました。

念仏の際には、数珠《じゅず》を回しながら、「一回目、二回目」と数えて念仏を称《とな》えるわけですが、法然も、一日に六万遍《べん》も七万遍も念仏を称えていたとされています。

何遍も称えているうちに、シャーマンのように、だんだん波動が霊的になり、あの世に通じるようになっていくのです。

法然は、一種の幻視《げんし》体験を何度もしていたらしく、日中からあの世の極楽世界を観ていたという記録が遺《のこ》っています。白昼夢《はくちゅうむ》のように、日中、極楽のさまざまな様子が実際に見えたりすることも多かったようです。

あるとき、法然は善導和尚《かしょう》を夢に見ます。

夢に出てきた善導は、紫《むらさき》の雲に包まれて出てきて、上半身は墨染《すみぞ》めの衣《ころも》を着けていましたが、下半身は金色をしていたのです。夢にしてもすごい出方ではあります。

この解釈《かいしゃく》の一つとしては、「善導は非常に禁欲《きんよく》的な人であり、梵行《ぼんぎょう》（異性を遠ざける清浄《しょうじょう》の行）をする清僧《せいそう》として一生を送った」という説があります。「悪いことはしなかった」という証拠として、下半身が金色に輝《かがや》いて出てきたのです。（「阿弥陀仏の化身《けしん》であることを表している」という説もある）

そのような姿の夢を見たという話が遺っています。

そのように、法然は、日中に阿弥陀仏を見たり、浄土の世界を見たりするような体験を数多くしていました。

⑧流罪《るざい》によって師弟《してい》が生き別れになった法然と親鸞《しんらん》

法然には何人かの弟子がいます。

親鸞はそのなかの有力な弟子の一人でした。法然との年齢差《ねんれいさ》は四十歳です。

法然は、ある時期まではずいぶん勢力があったのですが、晩年近くの七十代になってから念仏停止の命令を受け、四国の土佐国《とさのくに》（高知県）に配流《はいる》されることになりました。ただ、年を取っていたために配慮《はいりょ》をされ、実際には土佐まで行かずに済《す》み、途中《とちゅう》の讃岐国《さぬきのくに》（香川県《かがわ》）に一年近く留《とど》まったあと、摂津国《せっつのくに》の箕面《みのお》（大阪府）まで戻《もど》してもらったようです。

この念仏停止のときに、法然と親鸞は生き別れになります。親鸞は俗人《ぞくじん》にさせられ、越後《えちご》（新潟県《にいがた》）に流されてしまいます。親鸞が三十五歳のときのことでした。法然門下で約六年間を共にしましたが、師弟《してい》がそれぞれ流罪《るざい》になったあとは会っていません。

源信が『往生要集』を編《あ》んだように、法然も『選択本願念仏集《せんちゃくほんがんねんぶつしゅう》』を編集《へんしゅう》しています。これは、浄土教の教えをさまざまな経論《きょうろん》から抜粋《ばっすい》・編集して、正しい教えのあり方をまとめたものであり、一種の教科書になっています。この浄土教の流れの人は、教科書をつくった人が多いのです。

なお、浄土宗では『選択《せんちゃく》本願念仏集』と読み、浄土真宗では『選択《せんじゃく》本願念仏集』という読み方をしています。
以上が法然の話です。

6　親鸞《しんらん》の生涯《しょうがい》

①　念仏《ねんぶつ》の教えが広まった時代背景

『黄金の法』第4章8節「親鸞《しんらん》の出現《しゅつげん》」の内容《ないよう》に入っていきます。

『黄金の法』では、法然《ほうねん》の過去世《かこぜ》について、「キリストの十二弟子のひとり、聖《せい》トマスだった」と述べたのに対し、「親鸞の過去世は、実は、パウロだった」と述べました。

この「親鸞＝パウロ」説のような考え方は、以前からあることはあります。「親鸞はパウロに非常に似ている」ということを言う人は学者などのなかにもいます。

ただ、『黄金の法』の記述は、本人への霊的《れいてき》な確認をして書いたものです。浄土真宗系《じょうどしんしゅうけい》の人で、「仏教以外の過去世など考えられない」という人は、気にしなくてもかまいません。そうであれば、「親鸞は親鸞」でもけっこうです。法然の教えを「浄土宗《じょうどしゅう》」というのに対し、親鸞の教えは、「浄土極楽《ごくらく》の真の教え」という意味で、「浄土真宗」といいます。親鸞はこの浄土真宗の開祖《かいそ》です。

親鸞は一一七三年に生まれました。ちょうど、平安時代の末期、鎌倉《かまくら》時代が始まる境目《さかいめ》のときに当たります。当時は戦乱《せんらん》の世の中でした。あまりにも驕《おご》っていた平家《へいけ》に、世の中の人はみな参っていたため、源氏《げんじ》と平氏《へいし》の戦いが起きていました。

世は戦続《いくさ》きで、あちらもこちらも戦死者の死骸《しがい》だらけになっており、飢饉《ききん》が何度も何度も襲《おそ》ってきて、食糧難《しょくりょうなん》により多くの人が死にかかっているような悪い世相でした。「末法《まっぽう》の世だ」と言われるような世相だったのです。

その世相を理解《りかい》しないでは、浄土宗や浄土真宗の念仏《ねんぶつ》の教えは理解できないのです。「当時はまともな世の中ではなかった」ということです。

人の心がすさみ、死骸がごろごろと転がっているような戦乱の世の中を、どのようにして救うか。これを真剣《しんけん》に考えたときに、「学問や学問僧《そう》では救えない」ということで、実践《じっせん》的な宗教や易行道《いぎょうどう》を強く推《お》す人が出てきたわけです。それが法然や親鸞などです。

この教えそのものに対しては、法然の時代においても批判《ひはん》がありました。例えば、華厳宗《けごんしゅう》の僧侶《そうりょ》である栂尾《とがのお》の明恵上人《みょうえしょうにん》などは、「法然の教えは間違《まちが》っている」と見て、『摧邪輪《ざいじゃりん》』という論書まで書いて批判しています。これは、「邪《じゃ》の法輪《ほうりん》（間違った教え）を摧《くだ》く」という意味です。

「釈迦《しゃか》の教えとは、このようなものではないだろう。釈迦の教えは、『きちんと反省し、きれいな心を取り戻《もど》さなければ成仏《じょうぶつ》できない』という教えではないのか。『反省して、きれいな心になって、悟《さと》りを開き、あの世に行く』ということではないのか。だから、法然の『南無阿弥陀仏《なむあみだぶつ》と称《とな》えよ』という教えは、釈迦の教えとは全然違うではないか」

このような批判をした人が明恵です。この批判は正しいでしょう。そのとおりです。

ただ、その教えが説かれた時代背景からすれば、彼らも、「これが仏教のすべてだ」と思っていたわけではなく、「〝極悪深重《ごくあくじんじゅう》の衆生《しゅじょう》〟（往生《おうじょう》が難しい凡夫《ぼんぷ》）

にも、何か仏縁《ぶつえん》を与《あた》えて救いたい」という願いのもとにできてきた教えであり、そこには〝緊急避難《きんきゅうひなん》〟的な考え方があったのです。「極悪深重の人たちに対しては、難しい教義《きょうぎ》を説いても無理だ。しかし、何とか救いたい」ということです。彼らも、「自分たちの教えは、そういう下層《かそう》の人たち向けの教えである」ということは理解していたわけです。

親鸞も、そのことは十分に理解していたのであり、「これ以外に正しいものはない」と言っているわけではないのです。

②比叡山《ひえいざん》での親鸞の苦悩《くのう》

親鸞は、藤原家《ふじわらけ》の一族である京都の貴族《きぞく》・日野有範《ひのありのり》の子として生まれ、九歳《さい》で比叡山《ひえいざん》に上り、高僧《こうそう》の慈円《じえん》のもとで出家しました。

『黄金の法』では、親鸞について、「少年時代から秀才《しゅうさい》の誉《ほま》れ高く、将来は叡山を背負《せお》って立つ人材との声望が高かった」と書きました。「学問的にも評価されていて、将来は天台座主《てんだいざす》になることが確実《かくじつ》な人がやめた」というような書き方を私はしていますが、これは浄土真宗寄《よ》りの言い方です。真宗の信徒から見れば、このような言い方になるでしょう。

ただ、真宗から少し距離《きょり》を取っている学者は、違う見方をしているようです。「親鸞は貴族の子だ」といっても、当時の比叡山には貴族の子がたくさんいたので、親鸞だけが珍《めずら》しかったわけではないのです。貴族の次男や三男などが、たくさん入ってきていました。

確《たし》かに、親鸞は頭が良く、「天台座主、比叡山のトップになる」という志《こころざし》を持っていたことは事実です。しかし、九歳で出家して修行《しゅぎょう》していた親鸞は、実は、あとから出家してきた人たちにどんどん抜《ぬ》かれていったのです。

親鸞は、「どうして、あんな人間が自分よりも先に出世していくのか」と、非常に悩《なや》みました。なぜ、彼らが出世するのかというと、親鸞よりも家柄《いえがら》が上だからです。

「日野有範の子」ということを、真宗の立場では、「すごい貴族の子が出家したのだ」という言い方をします。しかし、この日野家は、貴族のランキングで言えば、正五位《しょうごい》ぐらいまでしか行けない家柄だったのです。したがって、貴族としては、それほど上ではなく、やや下のほうに当たります。普通《ふつう》に仕官したら正五位ぐらいまでしか出世できない家柄なのです。

親鸞から見れば、自分よりもあとに比叡山に入ってきた正二位や正三位の家柄の子などは、「頭が悪く、勉強もできないし、人柄《ひとがら》も良くない」と思えるのに、親鸞よりも早くスイスイと出世していくわけです。親鸞は、このことにけっこう苦しんだようなのですが、真宗系の人はそのことを認めないでしょう。親鸞にすれば、「こういう身分主義《しゅぎ》は理不尽《りふじん》だ」ということであり、その後の彼の宗教のあり方とは対立するものが比叡山にはあったのです。

真宗系の人は、親鸞の家柄のよさ、貴族出身ということをよく言いますが、実際にはもっと身分の高い人が比叡山に来ていて、すでに俗世《ぞくせ》の身分社会と同じようになっていたわけです。悟りの高さなどは、もはや分かるレベルではなくなっていました。修行や心の状態《じょうたい》、人柄などではなく、生まれが大事になっていて、いちばん皇族《こうぞく》に近い人ほど、すぐに天台座主になれるような時代だったのです。

これは、感じとしては分かります。

親鸞は、九歳で出家して、十年ほど一生懸命《いっしょうけんめい》に修行しましたが、「これは駄目《だめ》だ。もう偉《えら》くはなれないな」ということが分かってきて悩みます。比叡山の実情《じつじょう》にも、かなりがっかりするようなところはあったわけです。

そのようなことで、親鸞にはかなり迷いがあったということです。ただ、真宗側ではそうは思っていないでしょうから、私の一つの考えであると思ってください。

③六角堂《ろっかくどう》で聖徳太子《しょうとくたいし》からの霊告《れいこく》を受ける

一二〇一年、親鸞が二十八歳のときに、一つのきっかけになることが起きます。史料などにはよく二十九歳と書いてありますが、数え年で計算しているのでしょう。

そのきっかけとは何かというと、京都の六角堂《ろっかくどう》に籠《こも》り、百日間の瞑想坐行《めいそうざぎょう》を行《おこな》ったときの霊体験《れいたいけん》です。親鸞は、坐禅《ざぜん》をして瞑想行に打《う》ち込《こ》んだのです。のちに親鸞の妻《つま》になった恵信尼《えしんに》の手紙を見ると、その九十五日目に奇跡《きせき》が起きたとされています。恵信尼の手紙には、「九十五日目に聖徳太子《しょうとくたいし》の霊告《れいこく》、霊示《れいじ》を受けた」ということが書いてあります。

『黄金の法』には、このときの様子について、「京都の六角堂に籠っていたときに、ロウソクの炎《ほのお》がゆらゆらとして、炎が三十センチの高さになり、目の前に聖徳太子が現れた」など、いろいろなことを書いてあります。

ただ、これはほとんど自動書記によって、私が現場のレポートを書いたものであり、今、遺《のこ》っている文献《ぶんけん》には、こういう内容が書かれたものはありません。そのため、「どの文献に書いてあるのですか」と訊《き》かれても、「霊的に視《み》て、その様子を書いたのです」としか言えません。

この六角堂で、親鸞は聖徳太子の姿《すがた》を見たわけです。

親鸞は、かねがね、聖徳太子をとても尊敬《そんけい》していました。聖徳太子は、日本に仏教を入れた人であり、日本仏教の事実上の開祖と言ってよいでしょう。聖徳太子は、在家《ざいけ》のままで仏教をやり、お経《きょう》の解釈《かいしゃく》などをたくさん書いて仏教を広げた人です。

そして、聖徳太子は皇太子《こうたいし》であったので、太子にはお妃《きさき》が四人おり、子供は十四人もいました。

そういう人を尊敬し、理想化したあたりに、その後の親鸞の歩みの方向性が見えます。「俗人《ぞくじん》のままで、仏教信仰《しんこう》を弘《ひろ》める」というスタイルに親鸞は惹《ひ》かれていたのです。

この六角堂での瞑想坐行中に、幻夢《げんむ》のようなかたちで聖徳太子が現れてきたので、親鸞は驚《おどろ》いたわけです。聖徳太子は親鸞に対し、彼の指導霊《しどうれい》をしていることを告げ、「吉水《よしみず》の法然のところへ行きなさい。そこに、あなたにとっての導《みちび》きがあるだろう」と教えました。親鸞は、そのあと、法然のところへ行ったのです。

六角堂において、このような奇跡が少なくとも二回あったようです。一二〇一年に、聖徳太子に関して何かを見たのは間違《まちが》いないと思われますし、歴史上の文献を見ると、その後、『黄金の法』にもあるように、救世観音《くせかんのん》（「くぜかんのん」とも読む）が出てきて、「あなたと結婚《けっこん》してあげる」という霊告があったようです。

ある史料《しりょう》によれば、それは一二〇三年の四月ぐらいのことではないかとも言われています。そうすると、聖徳太子の霊告を受けてから二年後ぐらいになるので、数え年で三十一歳、満三十歳ぐらいのときのことになります。

こういう霊告を受けたことが、少なくとも二回はあったようです。

ただ、昔のことなので、時期を特定しにくく、正確には分からないところもあります。

なぜなら、一二〇一年に、六角堂に百日間籠って瞑想に打ち込んでいたときに、親鸞は一回目の霊告を受けたわけですが、その年に六角堂が焼失しているのです。そのため、一二〇三年に、親鸞が、もう一度この六角堂に籠《こも》って霊告を受けることができたのかどうかについては疑問が残ります。六角堂が再建されていたのかどうかは分かりません。

もしかすると、一二〇一年に籠ったときに、霊告が二回あったのかもしれませんが、このへんの歴史的事実は、いまひとつはっきりしません。要するに、聖徳太子が顕現《けんげん》して、「吉水の法然のところに行きなさい」とアドバイスされたことと、救世観音が現れたという、二つの奇跡が起きたわけです。

当時、「聖徳太子は、救世観音の化身である」と信じられていました。なぜ、聖徳太子が女性である観音の化身とされるのかはよく分かりませんが、とにかく、当時は、そのように信じられていたのです。聖徳太子と救世観音には、そういうつながりがありました。

ちなみに、当時、聖徳太子は、天台大師《てんだいだいし》の先生であった慧思《えし》という人の生まれ変わりであるとも信じられていました。日本に来朝した鑑真和尚《がんじんおしょう》なども、聖徳太子を尊敬し、「聖徳太子は慧思の生まれ変わりである」と固く信じていました。聖徳太子自身もそう思っていたようです。

しかし、生没年《せいぼつねん》を緻密《ちみつ》に見ると、聖徳太子が生まれたのは五七四年であり、慧思が亡《な》くなる三年前なので、「聖徳太子が慧思の生まれ変わりである」ということは現実にはあり得ません。これは、「慧思が、聖徳太子の指導霊をしていた」ということなのかもしれません。

④　救世観音《くせかんのん》から結婚《けっこん》を予告される

そのように、救世観音《くせかんのん》は聖徳太子の分身のように思われていたのですが、六角堂における二回目の霊体験では、その救世観音が現れてきたわけです。

救世観音は親鸞に、「おまえは肉欲《にくよく》で苦しんでいるが、結婚をすることにな るだろう。ただ、おまえは仏法《ぶっぽう》の道に生きている人間であり、単に『女犯《にょぼん》の罪《つみ》を犯《おか》した』ということでは格好がつかないだろうから、観音である私が女に生まれて、おまえの奥《おく》さんになってあげよう。そういうことであれば、辻褄《つじつま》が合うだろう」ということを言いました。

救世観音と結婚するということであれば、「親鸞と救世観音が協力して、一緒《いっしょ》に道を弘《ひろ》める」ということになります。「女犯の罪を犯したように見えるかもしれないが、そうではなく、これは天意であるのだ」と、救世観音は言ってくれたわけです。

そのため、親鸞は、のちに妻になった恵信尼《えしんに》のことを、観音様の生まれ変わりだと信じていました。また、恵信尼のほうも、親鸞のことを観音様だと思っていたことが、恵信尼が娘《むすめ》の覚信尼《かくしんに》に宛《あ》てた手紙のなかに書いてあります。夫婦《ふうふ》で、お互《たが》いに相手のことを観音様だと思っていたというのは、麗《うるわ》しいといえば麗しい状況《じょうきょう》です。

確かに、恵信尼自身は、非常に宗教心《しゅうきょうしん》に溢《あふ》れ、信仰心が篤《あつ》く、教養もあった人なので、こういう人がパートナーとして現れて何十年も助けてくれたことは、親鸞としては非常にありがたいことだったでしょう。

その意味で、恵信尼は親鸞にとって観音様と言える存在だったでしょうから、「恵信尼との結婚を予告されたのだ」というように見てもよいでしょう。

このときに、救世観音は、親鸞に対して、「善信《ぜんしん》よ」と呼《よ》びかけたことになっています。親鸞が出家したときは、範宴《はんねん》（「はんえん」とも読む）という名前でしたが、救世観音の霊示を受けたときは綽空《しゃっくう》と名乗っていました。親鸞が善信という名前を使ったのは一二〇五年からなので、このときには、まだ、その名前を使っているはずはないのです。

夢のなかで『善信』と呼びかけられたことを受けて、その後、この名前を法《ほう》名《みょう》として使うことにしたのだろうと思います。

『黄金の法』には、「この救世観音である私が、玉女《ぎょくにょ》となって、おまえに抱《だ》かれてあげる」と書いてありますが、これはかなり生々しい表現です。浄土真宗側は、「そこまでは言われていない」と反論するかもしれませんが、当時の文《ぶん》献《けん》にも、「玉女」という言葉が出ています。玉女とは、「玉のように美しい女性」という意味です。

遺《のこ》っている文献には四行ぐらいしか書かれていないのですが、救世観音は、

「おまえは女犯《にょぼん》の罪を犯すが、私が玉女となり、奥さんになってあげよう。そして、おまえが死ぬときには、私が導《みちび》いて極楽浄土にまで連れていってあげよう」という約束をしてくれたとされています。

『黄金の法』にある、このときの様子を述べた文学的な描写《びょうしゃ》は、私の自動書記によるものなので、何らの文献的な史料があるわけではありません。「自動的に手が動いて、そのように書いた」ということなので、しかたがありません。「観音様が妻になってくれる」というのは、宗教家としてはありがたい話です。

当時は、僧侶《そうりょ》にとって「女犯はとても重い罪である」とされていたので、親鸞は、「自分は悪人である」と、非常に苦しんだわけです。もちろん、釈迦の時代には出家者の結婚は禁《きん》じられていたので、親鸞がそのように思っても無理はありません。

六角堂で夢のなかに救世観音が出てきて、「おまえと結婚してあげよう。おまえは女犯をするだろう」と言われ、「はい、そうですか」と結婚したのでは、「それでは、釈迦の菩提樹下《ぼだいじゅげ》の悟りはどうなるのか」ということになります。釈迦は、「いろいろな悪魔《あくま》のささやきがあったが、その誘惑《ゆうわく》を断《た》ち切って悟りを開いた」ということになっているので、親鸞とは正反対です。

釈迦の菩提樹下の悟りから見れば、その救世観音の言葉は「悪魔のささやき」であることになります。論理的にはそのようになります。

ベクトルとしては、まったく正反対の動きです。釈迦の考えと正反対なのは、日蓮《にちれん》も同様なので、ある意味で、「親鸞、日蓮の時代で釈迦仏教は終わった」と言っても間違いはありません。仏教は、欲望《よくぼう》を肯定《こうてい》して大衆《たいしゅう》路線を採《と》るとともに、〝ヒンドゥー教化〟していったと見てよいでしょう。仏教は一種のヒンドゥー教になったのです。

インドでは、仏教がほとんど滅《ほろ》び、ヒンドゥー教が広がりました。やはり、仏教は禁欲《きんよく》を説きすぎたために人気がなく、教勢《きょうせい》を維持《いじ》できなかったと見るべきです。

⑤欲望肯定《よくぼうこうてい》の思想によって日本仏教は終わりを迎《むか》えた

今、インドを旅行すると、「こんなものを信仰してよいのか」と思うような、巨大《きょだい》な男根《だんこん》をかたどったものを祀《まつ》って人々が拝《おが》んでいます。五十センチもありそうな男根の形をしたものと、女根《にょこん》を表す輪の形をしたものを置いて、男女のセックスの図を描いたものを祀り、一生懸命に拝んでいます。このように、ヒンドゥー教では生殖《せいしょく》の神を拝んでいるわけです。そのおかげで繁殖《はんしょく》が進み、インドには十億人もの人口があります。

インド仏教は、一二〇三年にイスラム教徒がインドに乱入《らんにゅう》し、乱暴《らんぼう》を働いて出家者を数多く殺し、寺院を徹底的《てっていてき》に破壊《はかい》した段階《だんかい》で、事実上崩壊《ほうかい》したのです。仏教は消えてなくなり、インドはヒンドゥー教に押《お》さえられていきます。

もっとも、近年では、「四姓平等《ししょうへいとう》」という仏教の平等思想を取り上げて、インドの下層階級、アンタッチャブル（不可触賤民《ふかしょくせんみん》）の人々が仏教に救いを求めています。そういう人たちが新仏教運動を起こしており、今、インドには八百万人ぐらいの仏教の信者がいると言われています。

そのように、平等思想に惹《ひ》かれて新仏教運動が起きていますが、歴史的には、十三世紀にインド仏教は事実上滅《ほろ》びたのです。

そして、ヒンドゥー教のなかに呑《の》み込《こ》まれていきました。「仏教には、人間の本性《ほんしょう》から見て、少し無理なところがあったかもしれない」という感じはします。一部の限られた人を対象にしているような部分があり、大勢《おおぜい》の人に広げて、信者を維持していくには無理があったのだろうと思います。

日本の仏教でも、日蓮宗《にちれんしゅう》のほうは妻帯《さいたい》を認めませんが、欲望の肯定、煩悩《ぼんのう》の肯定をしています。創価学会などもそうでしょう。この世的な欲望、煩悩を肯定するのが日蓮宗なのです。

親鸞のほうも、この世の欲望、煩悩を肯定しています。釈迦は、欲望を摘《つ》み取る方向の教えを説きましたが、親鸞や日蓮による欲望肯定の教えが出てきたわけです。それで、広がりはしましたが、仏教としてはこれで終わりを迎《むか》えたと見てよいでしょう。

その後、日本には高僧らしい人はほとんど生まれていません。日本の仏教は、大衆化したのと同時に、終わりを迎えたのです。

密教《みっきょう》も、インドのヒンドゥー教の影響《えいきょう》を受けていて、欲望肯定の思想が入っています。そうしなければ生き残れなくなったわけですが、これは仏教の最後の姿です。日本の土着の宗教である神道《しんとう》のほうも欲望を肯定するので、流れとしては、それと一体になって生き延《の》びてきたという感じです。

⑥ 念仏門《ねんぶつもん》への弾圧《だんあつ》により越後《えちご》へ流される

親鸞は、法然《ほうねん》のところに行って教えを受けましたが、法然自身は、善導《ぜんどう》が妻帯しない清僧《せいそう》であったように、自分も妻帯はしませんでした。法然は、思想においては、「阿弥陀仏《あみだぶつ》の救済《きゅうさい》があるので、結婚してもかまわない」という考え方を持っていましたが、自分自身は実践《じっせん》をしなかったのです。

しかし、親鸞は、公然と肉食《にくじき》妻帯をします。

妻帯については、第3節で述べた教信沙弥《きょうしんしゃみ》のような先駆者《せんくしゃ》がすでにいましたし、実際には、高僧と言われる人でも、「表向きは結婚していないことになっているが、裏では奥さんがいる」ということがよくありました。そのため、鎌倉時代にも、裏では奥さんのいる僧侶はたくさんいたのですが、公然と肉食妻帯に踏《ふ》み切ったのが親鸞でした。これは、親鸞が弾圧《だんあつ》を受けた原因の一つでもあるでしょう。

法然の教えには、「念仏《ねんぶつ》によって救われる」という考えがあるため、親鸞に限らず、男女関係に緩《ゆる》いところがあったのは事実です。

法然の弟子である安楽《あんらく》と住蓮《じゅうれん》の二人が、上皇《じょうこう》の事実上の側室《そくしつ》に近いような侍女《じじょ》たちを入信させて、「ほかの異性と関係を持っても、『南無阿弥陀仏』と称《とな》えれば罪にはならない」というようなことをかなり教えたのです。

そして、上皇が出かけて留守《るす》にしているときに、その女性たちが安楽と住蓮の開いた念仏会《ねんぶつえ》（念仏の研修《けんしゅう》）に出ていたため、上皇の怒《いか》りを買います。それで、直接に関与《かんよ》した弟子たちは賀茂《かも》の河原《かわら》などで首を斬《き》られ、それ以外の法然一派《いっぱ》数名が配流《はいる》になったのです。

そのなかの一人に親鸞がいました。親鸞が三十五歳のころです。

法然は四国に、親鸞は越後《えちご》（新潟県《にいがたけん》）の国府《こう》というところに流されます。

ただ、越後には、すでに念仏信徒が少しいたので、念仏信徒はまったくのゼロではありませんでした。

⑦ 親鸞の結婚について

浄土真宗の信者は、親鸞を美化したいので、「親鸞の妻は恵信尼《えしんに》一人だった」ということで押《お》し通そうとしています。

そのため、「親鸞が法然のところへ行ってまもなく結婚した相手は、恵信尼である。恵信尼は京都にいて、親鸞が越後に流罪《るざい》になったときに、一緒についていったのだ。そして、晩年《ばんねん》にまた京都に戻《もど》ってきたのだ」と、妻は恵信尼一人だけだったような言い方をして、一生懸命に事実をねじまげています。しかし、それほど無理をしなくてもよいのではないかと思います。

親鸞が最初に法然のところへ行ったころに、親鸞と結婚した相手は恵信尼とは別の女性だと思われますが、その名前は分かっていません。

室町《むろまち》時代から現在《げんざい》に伝わっている伝説に、「親鸞は、玉日姫《たまひひめ》という九条兼実《くじょうかねざね》の娘と結婚した」というものがあります。救世観音《くせかんのん》の霊告《れいこく》のなかに「玉女《ぎょくにょ》」という言葉が出てきたために、そういう伝説が生まれたのでしょう。

作家の吉川英治《よしかわえいじ》も、小説『親鸞』のなかで、「親鸞は、玉日姫というとても身分の高い女性と最初に結婚した」と、その伝説に基《もと》づいた内容の物語を書いています。しかし、近代の学者の研究では、「それは事実ではない。そのような人は存在しなかった」ということがはっきりしているので、今では、その伝説を相手にする人はいません。

真宗のほうは、「親鸞の妻は、身分のある人だった」と言いたいのでしょうが、実際は、最初の妻になった女性の正体は不明なのです。

親鸞が最初に結婚したのは、おそらく、二十九歳から三十歳のころでしょう。三十五歳のときに念仏停止になり、流罪になったので、このときに最初の妻と生き別れているはずです。親鸞が肉食妻帯をしていたことも弾圧の理由の一つであったので、妻が一緒に行けるはずはありません。親鸞は、妻と生き別れをして、罪人《ざいにん》として越後に流されたのです。

越後でも念仏停止なので、布教《ふきょう》をすることはできませんでしたが、越後にいる間に、親鸞には、お世話をしてくれる女性が出てきました。どうも、この地で、親鸞には二番目の奥さんができたようです。その女性の名前は定かに伝わっていません。「親鸞の子供の一人は、その女性の子であろう」と言われています。その女性は、親鸞と結婚して、しばらくして死んでしまったようです。

したがって、恵信尼は三番目ぐらいの妻になります。恵信尼は、越後の大地主の娘であり、教養もあった人のようです。この人は、流罪中の親鸞のお世話をしていた在家の人だったのですが、この人が親鸞の妻になります。厳密《げんみつ》には、最初の妻とは生き別れになっているので、恵信尼は側室ですが、子供を六人ぐらい産んでいます。

親鸞には、京都にいたときの最初の奥さんとの間にも子供ができています。親鸞が晩年に義絶《ぎぜつ》することになる善鸞《ぜんらん》という人は、この最初の奥さんとの子供だと思われます。善鸞が生まれたあとに女の子も生まれているようですが、生き別れになったために、親鸞は父親として何の世話もできず、家族は非常に苦労したらしいのです。

妻子《さいし》は食べていくことができず、女の子のほうは、ほとんど身売り同然で下女のような雑役《ざつえき》の仕事をするなど、家庭の状況《じょうきょう》はかなり悲惨《ひさん》だったようです。その意味で、仏教者が、結婚をして子供を持つというのは、大変なことなのです。生計が立っていないのに結婚しても、家族に対して責任を取れません。最初の妻とは生き別れをし、子供はかなり苦労しているので、そのことに対する親鸞の心の悩み、心の闇《やみ》による苦しみは、そうとうあったでしょう。

さらに、「自分は法然の門下となり、これで、生きながらに往生《おうじょう》の道が決定《けつじょう》し、悟りを開いたことになった」と思ったのに、弾圧を受けて、自分をはじめ、師《し》の法然までが流され、さらに念仏停止にまでされてしまったわけです。

それから四年ほどして、親鸞が三十九歳ぐらいのときに、御赦免《ごしゃめん》ということになり、流罪を解《と》かれました。そのころ、恵信尼との間に、また子供が生まれています。

その後、越後の人たちから、「もうこれ以上は、いてほしくない。迷惑《めいわく》だから出ていってくれ」と言われて、親鸞は、次に関東のほうに伝道に行きます。四十二歳ぐらいのときに常陸国《ひたちのくに》（茨城県《いばらきけん》）のほうに行って、そこに二十年ぐらい住み、関東の地に念仏を弘《ひろ》めました。

この地には比叡山系《ひえいざんけい》の念仏信者が少しいたので、その人たちと一緒に、念仏を弘めます。

⑧晩年に起きた長男・善鸞《ぜんらん》の義絶《ぎぜつ》事件

その後、鎌倉幕府《ばくふ》による念仏停止などの弾圧がまた始まってきたので、六十歳の還暦《かんれき》を過ぎてから、親鸞は関東の地元の信者たちを置いて京都に戻《もど》ってきます。六十二歳ごろに京都に帰ってきて、九十歳で亡《な》くなるまで、晩年は京都に三十年近く住んでいたのです。年を取ったので、ふるさとが懐《なつ》かしくなったということもあるでしょう。親鸞は、京都に帰ってからあとは、本の執筆《しっぴつ》に専《せん》念《ねん》していました。

そんな晩年に、どうして本が書けたのかというと、親鸞は、比叡山で修行していた時代に、さまざまな経典《きょうてん》の抜《ぬ》き書《が》きをたくさんつくっていて、それを持って移動していたからのようです。親鸞は、それを参照しながら本を書いたのです。

法然の『選択本願念仏集《せんちゃくほんがんねんぶつしゅう》』も、経典の抜粋《ばっすい》を集めた本ですが、親鸞の『教行《きょうぎょう》信証《しんしょう》』も、いろいろな経典からの抜粋を集めた本です。四十代ぐらいから書き始めて、二十年、三十年とかけて繰《く》り返し手を入れ、晩年まで手を入れ続けて、最後に京都で完成したのです。

ただ、晩年の生活は苦しかったようです。ときどき、関東の信者が上京して、お金を持って来てくれるので、親鸞は、「ありがたい、ありがたい」と言って、それで生活をしていました。

しかし、晩年には、さらに悲劇《ひげき》が起こります。

親鸞が八十三、四歳のころに、一緒に住んでいた恵信尼が越後《えちご》に帰ります。恵信尼は、もともと、越後の地主の娘ですが、その家には跡《あと》を継《つ》ぐ人がいなかったため、恵信尼が家を継がなければいけなくなったからです。小作人や下人《げにん》が十数人いる家であったので、土地の管理をする人が必要だったのです。恵信尼は、親鸞よりも九歳から十歳ぐらい年下なので、七十三歳ぐらいのときに親鸞と別れて越後に帰ったわけです。

そして、恵信尼は、越後に帰るときに、子供たちも一緒に連れていきました。子や孫の世話もあるので、覚信尼《かくしんに》という末娘を残して、奥さんのほうは越後へ行ってしまったのです。

そのように、事情《じじょう》があって生き別れをしたようですが、恵信尼が娘の覚信尼に送った手紙が幾《いく》つか遺《のこ》っており、それによって親鸞の状況がいろいろと分かっているところがあります。

その後、親鸞は九十歳で死ぬわけですが、八十四、五歳ぐらいのかなり晩年に、長男の善鸞《ぜんらん》が問題を起こします。親鸞は、「関東のほうで、親鸞がいなくなってから、信者の意見がいろいろと分かれて困っている」ということを聞き、その解決《かいけつ》のために長男の善鸞を派遣《はけん》しました。

ところが、善鸞は、親鸞の教えとは違うことを説いて問題を起こしたのです。

善鸞は、「これまで父の親鸞が教えてきたことは、みな嘘《うそ》であり、自分は夜に、父から特別にこういう教えを聴いた」というような嘘を言って信者を攪乱《かくらん》し、多くの信者を自分に従わせようとしました。

親鸞は、『無量寿経《むりょうじゅきょう》』の「四十八願《しじゅうはちがん》」のうち、特に第十八願の「念仏往生《おうじょう》の願」を非常に重視《じゅうし》し、大事なものとしていましたが、息子《むすこ》の善鸞は、「第十八願の『念仏往生の願』など、あんなものは枯《か》れて萎《しぼ》んだ花のようなものだ」と言ってばかにし、信者たちに念仏を捨てさせようとしたのです。

親鸞にとっては、命とも言えるような信心の中心に対して、長男がそのようなことを言ったわけです。さらに、善鸞は、「父の親鸞は、自分の継母《ままはは》の恵信尼に騙《だま》されて、おかしくなったのだ。自分も、だいぶ騙されたが、父の親鸞も恵信尼に騙されたのだ」ということを言ったのです。

親鸞は、自分が関東の信者を治める代わりに長男を送ったのに、まったく逆の結果になりました。善鸞は、おそらく最初の妻の子なので、何か葛藤《かっとう》があったのかもしれませんが、善鸞はありもしない嘘を言いふらしました。

さらに、父親に対抗《たいこう》するために、鎌倉幕府に、「念仏宗は、こんなに悪い教えだ」という噂《うわさ》をいろいろと流すなど、親を陥《おとしい》れるようなことまでしたのです。また、善鸞は、地元の道場主たちとも争いを起こしています。善鸞が、「関東の弟子たちは悪いことをしている」と報告《ほうこく》してくるので、親鸞は最初、息子を信じていたのですが、そのうち、「善鸞の報告は、どうも嘘のようだ。本当に悪いことをしているのは善鸞のほうだ」ということが分かってきます。

「善鸞は、念仏信仰を否定《ひてい》したり、継母《ままはは》のせいにしたり、いろいろな嘘を言って悪いことをしているらしい。ちょうど、釈迦の晩年に教団を混乱させた提《だい》婆達多《ばだった》のようになっている」ということが分かったので、親鸞は、涙《なみだ》ながらに、この長男を義絶《ぎぜつ》し、親子の縁《えん》を切りました。

恵信尼が越後に帰って一年後ぐらいに、この善鸞の義絶事件が起きたのです。親鸞の晩年における悲劇です。親鸞が亡くなる五年前ぐらいのことでした。

その後、善鸞は、流浪《るろう》しながら、どこかへ消えていったようです。

親鸞の晩年には、そのような教団の動揺が起きたのです。

親鸞の生活基盤《きばん》は相変わらず弱く、妻の恵信尼が京都を去るときに、下女を一人残してくれていたのですが、その下女を食べさせることさえできませんでした。その下女をほかの人のところへやってしまうぐらい、低い生活レベルだったようです。

ただ、恵信尼は親鸞を強く信仰してくれたので、それはありがたかったでしょう。晩年は別々になってしまい、親鸞が亡くなったときに葬式《そうしき》に出ることもできませんでしたが、恵信尼は、「親鸞が極楽往生したのは間違いなく、まったく心配はしていない」というようなことを手紙に書いています。

そして、その後は、恵信尼の子供たちが、さまざまに法灯《ほうとう》を継《つ》いでいくかたちになったのです。

7　親鸞《しんらん》の思想

①　悪人正機説《あくにんしょうきせつ》の真意

親鸞《しんらん》の生涯《しょうがい》は、以上に述べたような複雑《ふくざつ》な人生でしたが、教えにも少し極端《きょくたん》なところ、無理なところがあります。

親鸞の教えに、「悪人正機説《あくにんしょうきせつ》」というものがありますが、有名なのでみなさんもご存じでしょう。親鸞の死後、何十年かたってから、弟子の唯円《ゆいえん》が師《し》の言葉を編纂《へんさん》した『歎異抄《たんにしょう》』という本があり、そのなかに「善人《ぜんにん》なおもて往生《おうじょう》をとぐ、いわんや悪人をや」という言葉があります。「善人でさえ往生するのだから、当然、悪人は往生するだろう」という言い方をするわけです。

世間の常識はその反対で、「悪人でも往生するなら、当然、善人は往生するはずだ」というものでしょうが、それに対して、「そうではありません。悪人が優先《ゆうせん》です」という思想を打ち出しているのです。

これは衝撃的《しょうげきてき》な思想であり、釈迦仏教《しゃかぶっきょう》から見れば驚《おどろ》くような言葉です。そういう思想が『歎異抄』に出ています。

この「悪人正機説」の思想自体は、実は、法然《ほうねん》がすでに言っていたということが、最近では分かっています。「文献《ぶんけん》として遺《のこ》っているもので有名なのは、親鸞の言葉を編纂した『歎異抄』であるが、悪人正機説は法然も言っていた」ということが分かっているのです。

悪人正機というのは、「弥陀《みだ》は、善人よりも悪人を先に救うのだ」という、悪人優先の思想です。これは、非常に奇妙奇天烈《きみょうきてれつ》な思想に見えますが、要するに、次のようなことを言っているのです。

例えば、ビルの火災《かさい》やバスの事故など、何かの事故があり、けが人がたくさん出たとします。

そして、病院にたくさんの人が運び込《こ》まれたときに、医者は誰《だれ》を先に治療《ちりょう》するかというと、それは、死にかけの重傷者《じゅうしょうしゃ》からです。「この人は、もうすぐ死ぬかもしれない」という、死にかけている人から先に治療し、軽傷《けいしょう》の人は後回しにします。まず、死にかけの重傷者、「命が危《あぶ》ない」という重体の人を一生《いっしょう》懸命《けんめい》に治療し、軽傷の人には、とりあえず薬でも渡《わた》しておいて、あとでゆっくりと治療を行うはずです。

悪人正機説というのは、おかしな思想のように見えますが、そういうことが言いたいわけです。

「善人」というのは、今の例で言えば、軽傷の人に当たるのです。「自分で修《しゅ》行《ぎょう》をすれば、悟《さと》れるかもしれない」と言っているような人たちは、大した問題がないので後回しになるということです。「阿弥陀《あみだ》様は、まず、極悪深重《ごくあくじんじゅう》の悪人のほうから救うのだ。罪《つみ》をたくさん犯《おか》した人のほうから、先に救おうとするのだ」ということです。これが悪人正機説です。

明治以降、浄土真宗《じょうどしんしゅう》では、この悪人正機説を中心に立てて出しています。この思想には西洋哲学的《てつがくてき》な雰囲気《ふんいき》があり、実存主義《じつぞんしゅぎ》哲学などにも似ているような感じがして、現代的に見えるところがあるからです。悪人正機説は、思想的なエリートが好むような、いわゆるエリート好みの思想なので、浄土真宗のほうも、この思想を一生懸命に打ち出しています。

しかし、親鸞の思想の中心と思われるものは、悪人正機説ではなく、次に述べる「二種廻向《にしゅえこう》」の思想だろうと思われます。

②親鸞の思想の中心は「二種廻向《にしゅえこう》」にある

親鸞は二種類《にしゅるい》の廻向《えこう》について説いています。

一つは「往相廻向《おうそうえこう》」です。往相廻向とは、「阿弥陀の本願力《ほんがんりき》によって、この世の人をあの世に送ってもらう」ということです。

もう一つは「還相廻向《げんそうえこう》」です。還相廻向とは、「阿弥陀の本願力によって、浄土に往生した人が、この世を救うために戻《もど》ってくる」ということです。

「阿弥陀の本願力には、この世の人をあの世の浄土に送る力と、浄土に行った人をこの世を救うためにまた戻してくれる力がある」という、往相廻向と還相廻向という二つの廻向の思想が、本当は、親鸞の考え方の中心であったのです。

このように、親鸞は、「廻向」という言葉を「阿弥陀の本願力の働き」という意味で使っています。普通《ふつう》は、廻向とは、自分が修行によって得た力を亡《な》くなった人に手向《たむ》けることをいいますが、親鸞は、「この世の人をあの世へ送ってくれて、そして、あの世からこの世へと戻してくれる」という、阿弥陀の本願力の働きのことを廻向と考えたのです。

「あの世に往生する」という往相廻向のほうは、比較的《ひかくてき》分かりやすいのですが、「あの世から戻ってくる」という還相廻向のほうは、最近の人にはよく分かりません。浄土真宗の人たちも、「この世に戻ってくる」という考え方が分からないようです。そして、現代では霊界《れいかい》のことを否定《ひてい》する考えが主流になってきているので、二種廻向については、しだいに口をつぐんでしまい、「悪人でも救われる」という悪人正機説のほうを中心に主張《しゅちょう》しています。

しかし、本当は、二種廻向の思想が非常に大事なのです。「あの世に行く」ということと、「あの世から還《かえ》ってくる」という思想は、「浄土という霊界が明確《めいかく》にあって、人間はあの世に還り、またこの世に戻ってくる」ということを説いているわけであり、これは霊界思想の確立です。「人間は、あの世とこの世を行ったり来たりしている」という人生の意味を明確にする上で、非常に大事な思想なのです。

同時代のほかの宗派《しゅうは》では、禅宗《ぜんしゅう》にせよ、日蓮宗《にちれんしゅう》にせよ、あの世とこの世の関係が不明確なところがあり、よく分からなくなっているのですが、親鸞の教えに二種廻向の思想があることで、浄土真宗のなかには、「あの世があって、人間はあの世とこの世を行き来している」という仏教の基本思想が明確に入ったのです。

この二種廻向があれば、教えのなかに霊的な部分が残り、この世とあの世を人間が行ったり来たりしている姿が思想として明確になります。浄土真宗は、この点がはっきりしています。

その意味では、二種廻向は非常に重要な思想なのですが、この世の人は霊的なことがよく分からないため、浄土真宗でもこの思想をあまり言わなくなり、悪人正機説のほうばかりを中心的に説くようになっています。

③ 親鸞は阿弥陀仏の第十八願を信仰《しんこう》の中心に立てた

親鸞の思想を要約すると、浄土真宗では、二種廻向のほか、『無量寿経《むりょうじゅきょう》』の四十八願《しじゅうはちがん》のなかの第十八願、第十九願、第二十願の三つが大事なものとされています。

第十九願は、「阿弥陀仏を信仰《しんこう》したならば、あなたがたが死ぬときに、迎《むか》えに来てあげる」という臨終来迎《りんじゅうらいごう》の約束です。みなさんも、阿弥陀仏が、弟子である観音菩薩《かんのんぼさつ》をはじめ、諸《しょ》菩薩をたくさん連れて迎えに来る「阿弥陀来迎図」というものを見たことがあると思いますが、この来迎の約束が第十九願です。

第二十願では、「一生懸命に良いことをし、善行《ぜんこう》を積んだ人は、極楽《ごくらく》に行ける」ということが述べられています。

そして、第十八願は、「念仏往生の願」といわれるもので、「一生懸命に念仏を称《とな》えたならば、極楽に還れる」というものです。

親鸞の信仰は、「死ぬときに迎えに来てくれる」という第十九願の阿弥陀来迎から、「一生懸命、念仏系の善業《ぜんごう》を積んだならば、往生できる。良いことをしたならば、きちんと報《むく》われる」という第二十願へ行きます。そして、最後に第十八願に戻ってきて、この念仏往生の第十八願に一本化するのです。これが、「三つの願を転じて入れる」という「三願転入《さんがんてんにゅう》」の思想であり、親鸞の中心思想なのです。

ただ、元のサンスクリット語の経典《きょうてん》では、第十八願と第二十願が一つになっていて、第十九願とされています。漢訳《かんやく》の際に、漢訳者がこれを二つの願に分けたのです。

第十八願は浄土真宗の中心であり、大事な部分なので、少し説明しておきましょう。

第十八願を現代語に訳すと、「もし、私が仏になれるときがきたとき、十方《じっぽう》世界の衆生《しゅじょう》が、心から信じ願って、私の国に生まれたいと思い、十度《じったび》(「一度《ひとたび》ないし十度」と書いてあるものもある)、深く心に仏を念ずるならば、必ずわが国に生まれるであろう。もし、その人が私の国に生まれることができないようであれば、私は悟りを開いて仏にはならない。ただし、五逆《ごぎゃく》の大罪を犯した者と、正しい仏法《ぶっぽう》をそしる者は除《のぞ》く」ということです。

『無量寿経』に、こういう第十八願があり、親鸞は、これを信仰の中心に立てました。

五逆の罪とは、「母を殺す。父を殺す。阿羅漢《あらかん》を殺す。仏身《ぶっしん》を傷《きず》つけて血を流させる。僧団《そうだん》を破壊《はかい》する」という五つの大罪です。そのいずれかを犯した者と、正しい仏法をそしる者は成仏《じょうぶつ》の対象から除かれます。ここで言う「正しい仏法」とは、大乗仏教のことであり、この場合には念仏を指します。

「そういう者以外は、心から信じ願って、阿弥陀の国に生まれたいと思い、一度ないし十度、心に仏を念じたならば成仏できる」ということです。

ただ、「一念義《いちねんぎ》」と「多念義《たねんぎ》」という問題があります。「念仏は一回でよい」というのが一念義であり、「念仏は何回もしなければいけない」というのが多念義ですが、この点は解釈が分かれています。いずれにせよ、必要なのは、「一度ないし十度」の念仏であり、「そうすれば、あの世の極楽浄土へ行ける」という教えです。

親鸞は、この第十八願、「念仏往生の願」を中心義として捉《とら》えたわけです。

さらに、法然も親鸞も、「五逆を犯した者や正しい仏法をそしる者は救われない」とされていることについて、「これは抑止門《おくしもん》である」と言っています。抑止門というのは、要するに、「人間が悪いことをしないように、念のために言っているだけで、本当は、阿弥陀仏は、みな救ってくださるのだ。それが弥陀の心なのだ」ということです。

親鸞の教えでは、通常、仏教で言う、「悟りを開いて涅槃《ねはん》に入《い》る」ということが、「念仏によって浄土に入る」ということになります。「極楽浄土に行く」ということが、「涅槃に入る」「悟りに入る」ということになるのです。

法然の教えでは、「死ぬときに、阿弥陀仏に迎えに来てもらう」ということをとても大事にしていました。そのため、当時は、阿弥陀仏に迎えに来てもらうために、「死ぬときに、自分の手と仏像《ぶつぞう》を、糸を巻いてつなぎ、阿弥陀仏に引《ひ》っ張《ぱ》ってもらう」ということを行《おこな》っていました。

しかし、親鸞の教えでは、「死ぬときを待つまでもない」と説いています。「念仏が正しい信仰である」ということを決定《けつじょう》し、念仏を称える気持ちになったときに、すでに極楽往生の約束ができており、往生間違いなしなので、「死ぬときに来迎を待つまでもない」ということなのです。

これを「不来迎《ふらいごう》の説」といいます。弥陀の来迎を待たずに、信心決定《けつじょう》の段階《だんかい》、阿弥陀仏に帰依《きえ》して「南無阿弥陀仏《なむあみだぶつ》」と称えた段階で、もう契約《けいやく》はできており、「極楽往生、間違いなし」という思想なのです。

親鸞は、そのような考え方をして、思想を徹底《てってい》させたのです。

④ 親鸞の教えが持つ問題点

親鸞はそういう教えを説いたので、その後、「念仏によって悪が許されるのだから、何でもしたい放題である」と考える人が信者のなかに数多く出てきました。これを「本願誇り《ほんがんぼこ》」といいますが、「弥陀の本願は強力だから、何をしても救われる」という考え方をし、悪いことをする人がたくさん出てきて困ったのです。

「弥陀の本願は強力だから、人を百人殺しても、千人殺しても、みな救ってくださる」というのは、とてもありがたい慈悲《じひ》の心ではありますが、「ならば、悪いことをしようか」と考える人が出てきたため、「悪いことをしても救ってくれるが、でも、悪いことをしてはいけない」という、ややこしいことを言わなければいけなくなりました。

親鸞は、そういう「本願誇り」に対して、「薬があるからといって、毒を飲む愚《おろ》か者はいないだろう」ということを言っています。

善鸞《ぜんらん》の事件も含《ふく》め、さまざまな間違った見解《けんかい》が出てきた根本《こんぽん》には、「念仏さえ称えれば、何をしてもよい」という考えがあります。人間は、どうしてもそういう方向に行ってしまいがちなのです。

浄土真宗のなかに、こういう大きな問題が残ったのは、やはり、親鸞の教えが釈迦の教えとは違っているからです。

釈迦の教えは、基本的には、悪人推奨《すいしょう》の教えではありません。「悪を捨てて、善を取れ」「諸悪莫作《しょあくまくさ》、衆善奉行《しゅぜんぶぎょう》、諸仏《しょぶつ》の教えはそれに尽《つ》きる」という考えです。釈迦は、「悪をなさず、善《よ》いことをしなさい」と説いていたわけなので、親鸞は、それとは正反対のところまで行ったということです。

親鸞の思想は、「救いたい」という気持ちが極端まで行きすぎていて、まともに修行をし、信仰している人が、少しばかを見るようなところもあります。

親鸞の教えは、広がりすぎた場合には、こういう難点《なんてん》を持っています。

浄土教、浄土真宗系には、救いもありますが、地獄界《じごくかい》につながっている部分もあるように思われます。私が見たところでは、地獄界のなかに、やはり「念仏地獄」があります。

あの世で地獄に堕《お》ちて、念仏を称えても救われない人たちは、どうすれば救われるのでしょうか。「念仏を称えるだけでよい」と教わっていたのに、念仏を称えても救いが来ないし、天国にも上がれない場合、どうすればよいのでしょうか。彼らは、それについて教わっていないのです。「念仏だけで救われる」という教えは、〝緊急避難《きんきゅうひなん》〟的な最後の手段としてはしかたがありませんが、できれば、きちんとした信仰をし、教学もしたほうがよいですし、反省もしていただきたいのです。「このレベルぐらいまでは行ってほしい」というのが、私の本音です。

親鸞の教えには、「救済《きゅうさい》を広げようとしたら、薬が薄《うす》まってしまった」というところがあるのです。

以上、かなり大量の情報《じょうほう》を出して丁寧《ていねい》に述べました。これで、浄土門についての輪郭《りんかく》が分かり、相当なところまで考えが詰《つ》まったのではないかと思います。

浄土門に対しては、批判的に見れば、いくらでも述べることはできますが、本書では、とりあえず「他力《たりき》信仰の全体像」が見えればよいと思います。学問的にも、かなり緻密《ちみつ》なところまで論証したので、理解としては十分でしょう。

『他力信仰について考える』大川隆法著作関連書籍

『黄金の法』（幸福の科学出版刊）
『悟りと救済』（同右）
『パウロの信仰論・伝道論・幸福論』（同右）
『地獄の方程式』（同右）

他力信仰《たりきしんこう》について考《かんが》える―『黄金の法』講義③―

2014年8月26日　初版第1刷

著　者　大《おお》川《かわ》隆《りゅう》法《ほう》

発行所　幸福の科学出版株式会社
〒107-0052 東京都港区赤坂2丁目10番14号
TEL(03)5573-7700
http://www.irhpress.co.jp/

印刷・製本　株式会社 東京研文社

落丁・乱丁本はおとりかえいたします

ISBN978-4-86395-527-1 C0014

大川隆法ベストセラーズ・仏教思想の真髄とは

悟りの挑戦（上巻）

いま、新たな法輪がめぐる

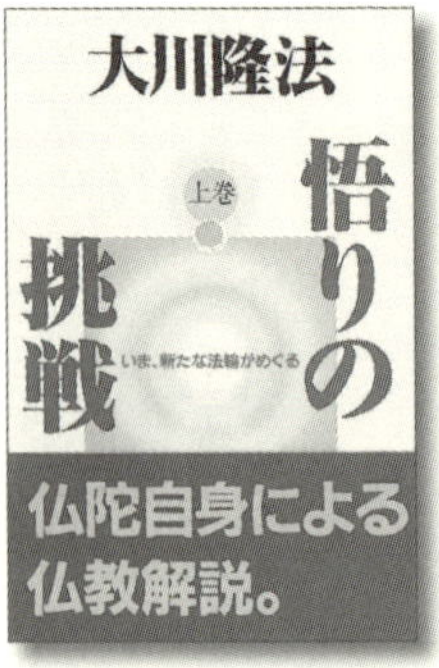

本書は仏陀自身による仏教解説であり、仏陀・釈尊の悟りの真相を明らかにする。その過程で、仏教学の誤りや、仏教系諸教団の間違いをも闡明にしている。

1,748円

悟りの挑戦（下巻）

仏智が拓く愛と悟りの世界

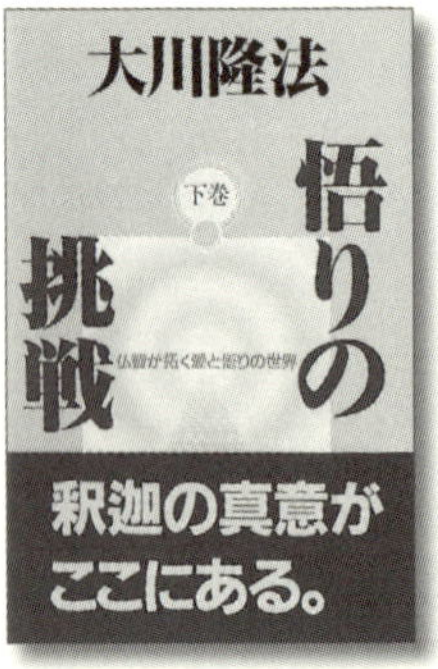

中道、涅槃、空、無我、仏性など、仏教の中核理論を分かりやすく解説した本書は、化石化した仏教を現代に蘇らせ、再び生命を与える。釈迦の真意がここにある。

1,748円

沈黙の仏陀

ザ・シークレット・ドクトリン

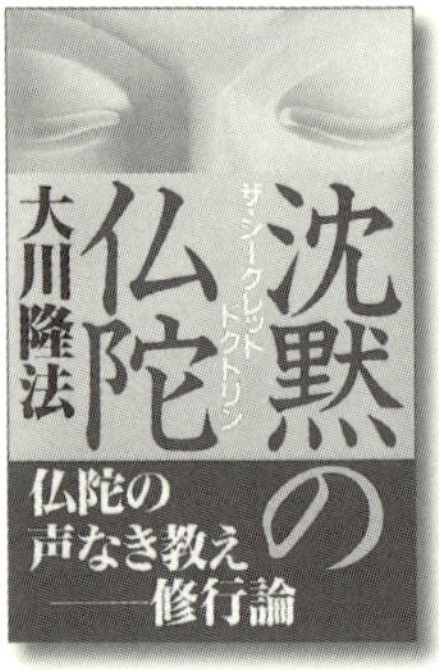

本書は、戒律や禅定などを平易に説き、仏教における修行のあり方を明らかにする。現代人に悟りへの道を示す、神秘の書。

1,748円

※表示価格は本体価格（税別）です。

大川隆法ベストセラーズ・仏教思想の真髄とは

永遠の仏陀

不滅の光、いまここに

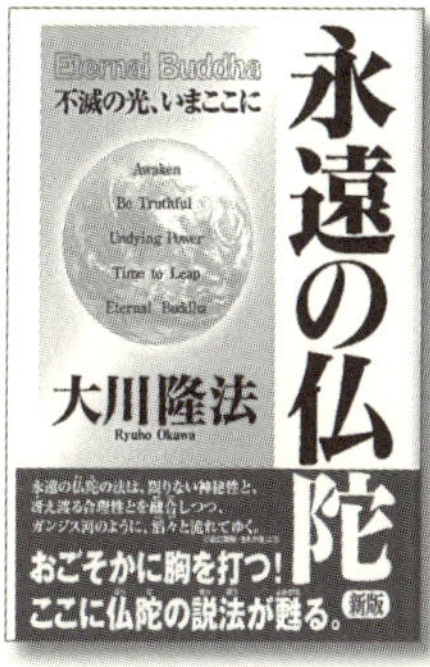

すべての者よ、無限の向上を目指せ——。大宇宙を創造した久遠仏が、生きとし生ける存在に託された願いとは。

1,800円

釈迦の本心

よみがえる仏陀の悟り

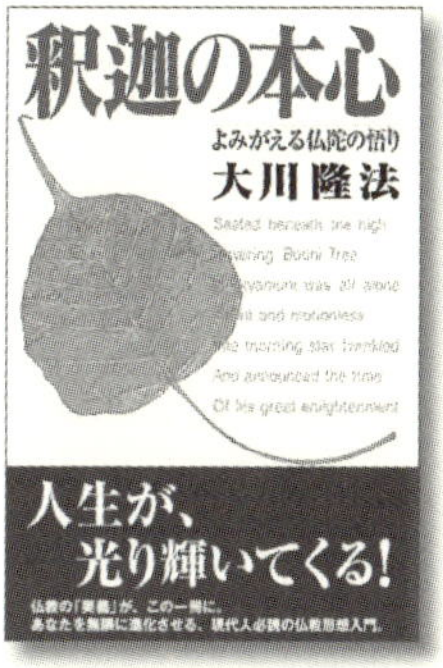

釈尊の出家・成道を再現し、その教えを現代人に分かりやすく書き下ろした仏教思想入門。読者を無限の霊的進化へと導く。

2,000円

仏陀再誕

縁生の弟子たちへのメッセージ

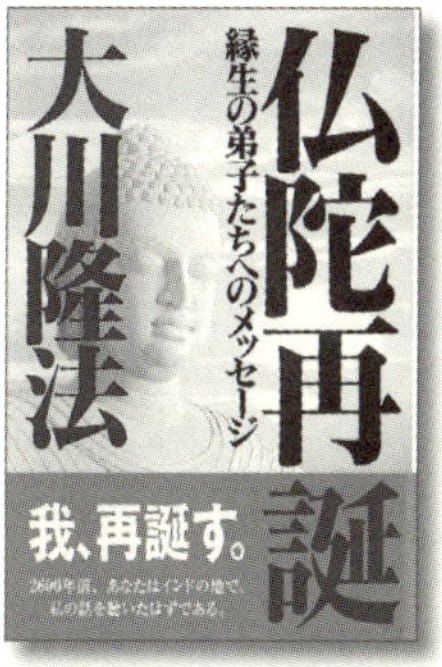

我、再誕す。すべての弟子たちよ、目覚めよ——。二千五百年前、インドの地において説かれた釈迦の直説金《じきせつこん》口《く》の教えが、現代に甦る。

1,748円

大川隆法ベストセラーズ・「幸福の科学大学」が目指すもの

宗教学から観た「幸福の科学」学・入門

立宗 27 年目の未来型宗教を分析する

幸福の科学とは、どんな宗教なのか。教義や活動の特徴とは？ 他の宗教との違いとは？ 総裁自らが、宗教学の見地から「幸福の科学」を分析する。

1,500 円

仏教学から観た「幸福の科学」分析

東大名誉教授・中村元と仏教学者・渡辺照宏のパースペクティブ（視覚）から

仏教は「無霊魂説」ではない！ 仏教学の権威 中村元氏の死後 14 年目の衝撃の真実と、渡辺照宏氏の天上界からのメッセージを収録。

1,500 円

幸福の科学の基本教義とは何か

真理と信仰をめぐる幸福論

進化し続ける幸福の科学――本当の幸福とは何か。永遠の真理とは？ 信仰とは何なのか？ 総裁自らが説き明かす未来型宗教を知るためのヒント。

1,500 円

比較宗教学から観た「幸福の科学」学・入門

性のタブーと結婚・出家制度

同性婚、代理出産、クローンなど、人類の新しい課題への答えとは？ 未来志向の「正しさ」を求めて、比較宗教学の視点から、仏陀の真意を検証する。

1,500 円

※表示価格は本体価格（税別）です。

大川隆法シリーズ・最新刊（幸福論シリーズ）

ソクラテスの幸福論

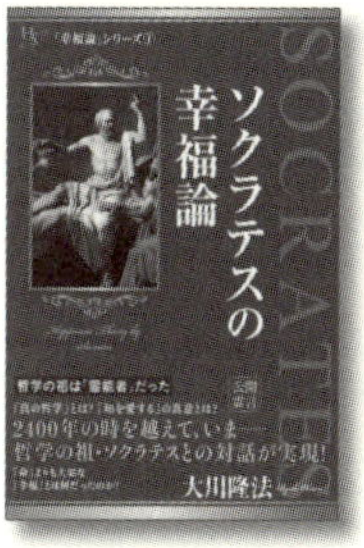

諸学問の基礎と言われる哲学には、必ず〝宗教的背景〟が隠されている。知を愛し、自らの信念を貫くために毒杯をあおいだ哲学の祖・ソクラテスが語る「幸福論」。

1,500円

キリストの幸福論

失敗、挫折、苦難、困難、病気……。この世的な不幸に打ち克つ本当の幸福とは何か。2000年の時を超えてイエスが現代人に贈る奇跡のメッセージ！

1,500円

ヒルティの語る幸福論

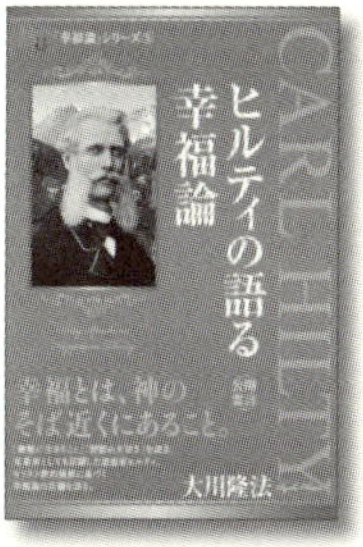

人生の時間とは、神からの最大の賜りもの。「勤勉に生きること」「習慣の大切さ」を説き、実業家としても活躍した思想家ヒルティが語る「幸福論の真髄」。

1,500円

アランの語る幸福論

人間には幸福になる「義務」がある――。人間の幸福を、精神性だけではなく科学的観点からも説き明かしたアランが、現代人に幸せの秘訣を語る。

1,500円

幸福の科学出版

大川隆法シリーズ・最新刊（幸福論シリーズ）

北条政子の幸福論
―嫉妬・愛・女性の帝王学―

現代女性にとっての幸せのカタチとは何か。夫である頼朝を将軍に出世させ、自らも政治を取り仕切った北条政子が、成功を目指す女性の「幸福への道」を語る。

1,500円

孔子の幸福論

聖人君子の道を説いた孔子は、現代をどう見るのか。各年代別の幸福論から理想の政治、そして現代の国際潮流の行方まで、儒教思想の真髄が明かされる。

1,500円

ムハンマドの幸福論

西洋文明の価値観とは異なる「イスラム世界」の幸福とは何か？ イスラム教の開祖・ムハンマドが、その「信仰」から「国家観」「幸福論」までを語る。

1,500円

パウロの信仰論・伝道論・幸福論

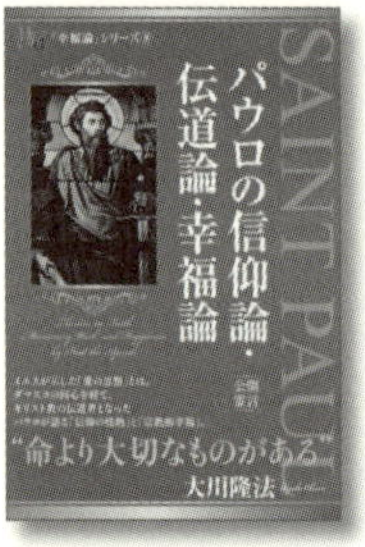

キリスト教徒を迫害していたパウロは、なぜ大伝道の立役者となりえたのか。「ダマスコの回心」の真実、贖罪説の真意、信仰のあるべき姿を、パウロ自身が語る。

1,500円

※表示価格は本体価格（税別）です。

大川隆法ベストセラーズ・忍耐の時代を切り拓く

忍耐の法
「常識」を逆転させるために

人生のあらゆる苦難を乗り越え、夢や志を実現させる方法が、この一冊に──。混迷の現代を生きるすべての人に贈る待望の「法シリーズ」第20作!

2,000円

「正しき心の探究」の大切さ

靖国参拝批判、中・韓・米の歴史認識……。「真実の歴史観」と「神の正義」とは何かを示し、日本に立ちはだかる問題を解決する、2014年新春提言。

1,500円

自由の革命
日本の国家戦略と世界情勢のゆくえ

「集団的自衛権」は是か非か!? 混迷する国際社会と予断を許さないアジア情勢。今、日本がとるべき国家戦略を緊急提言!

1,500円

大川隆法シリーズ・最新刊

幸福の科学大学創立者の精神を学ぶI（概論）

宗教的精神に基づく学問とは何か

いま、教育界に必要な「戦後レジームからの脱却」とは何か。新文明の創造を目指す幸福の科学大学の「建学の精神」を、創立者みずからが語る。

1,500円

幸福の科学大学創立者の精神を学ぶII（概論）

普遍的真理への終わりなき探究

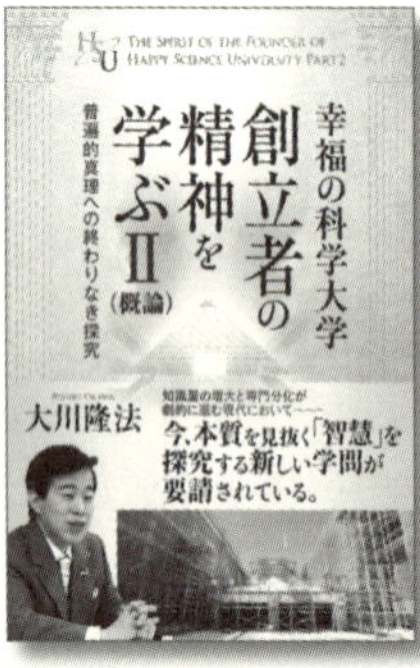

「知識量の増大」と「専門分化」が急速に進む現代の大学教育に必要なものとは何か。幸福の科学大学創立者が「新しき幸福学」の重要性を語る。

1,500円

文部科学大臣・下村博文 守護霊インタビュー②

大学設置・学校法人審議会の是非を問う

「学問の自由」に基づく新大学の新設を、“密室政治”によって止めることは許されるのか? 文科大臣の守護霊に、あらためてその真意を問いただす。

1,400円

※表示価格は本体価格（税別）です。

Noblesse《ノーブレス》 Oblige《オブリージ》 「高貴なる義務」を果たす、「真のエリート」を目指せ。

幸福の科学学園
中学校・高等学校（那須本校）

Happy Science Academy Junior and Senior High School

「私は、
教育が人間を創ると
信じている一人である。
若い人たちに、
夢とロマンと、精進、
勇気の大切さを伝えたい。
この国を、全世界を、
ユートピアに変えていく力を
出してもらいたいのだ。
（幸福の科学学園 創立記念碑より）

幸福の科学学園 創立者
大川隆法」

幸福の科学学園（那須本校）は、幸福の科学の教育理念のもとにつくられた、男女共学、全寮制の中学校・高等学校です。自由闊達な校風のもと、「高度な知性」と「徳育」を融合させ、社会に貢献するリーダーの養成を目指しており、2014年4月には開校四周年を迎えました。

Noblesse《ノーブレス》 Oblige《オブリージ》

「高貴なる義務」を果たす、
「真のエリート」を目指せ。

2013年 春 開校

幸福の科学学園
関西中学校・高等学校

Happy Science Academy
Kansai Junior and Senior High School

私は日本に
真のエリート校を創り、
世界の模範としたい
という気概に満ちている。
『幸福の科学学園』は、
私の『希望』であり、
『宝』でもある。
世界を変えていく、
多才かつ多彩な人材が、
今後、数限りなく
輩出されていくことだろう。
（幸福の科学学園関西校 創立記念碑より）

幸福の科学学園 創立者
大川隆法

滋賀県大津市、美しい琵琶湖の西岸に建つ幸福の科学学園（関西校）は、男女共学、通学も入寮も可能な中学校・高等学校です。発展・繁栄を校風とし、宗教教育や企業家教育を通して、学力と企業家精神、徳力を備えた、未来の世界に責任を持つ「世界のリーダー」を輩出することを目指しています。

幸福の科学学園・教育の特色

「徳ある英才」の創造

教科「宗教」で真理を学び、行事や部活動、寮を含めた学校生活全体で実修して、ノーブレス・オブリージ(高貴なる義務)を果たす「徳ある英才」を育てていきます。

体育祭

天分を伸ばす「創造性教育」

教科「探究創造」で、偉人学習に力を入れると共に、日本文化や国際コミュニケーションなどの教養教育を施すことで、各自が自分の使命・理想像を発見できるよう導きます。さらに高大連携教育で、知識のみならず、知識の応用能力も磨き、企業家精神も養成します。芸術面にも力を入れます。

探究創造科発表会

一人ひとりの進度に合わせた「きめ細やかな進学指導」

熱意溢れる上質の授業をベースに、一人ひとりの強みと弱みを分析して対策を立てます。強みを伸ばす「特別講習」や、弱点を分かるところまでさかのぼって克服する「補講」や「個別指導」で、第一志望に合格する進学指導を実現します。

授業の様子

自立心と友情を育てる「寮制」

寮は、真なる自立を促し、信じ合える仲間をつくる場です。親元を離れ、団体生活を送ることで、縦・横の関係を学び、力強い自立心と友情、社会性を養います。

毎朝夕のお祈りの時間

幸福の科学学園の進学指導

1 英数先行型授業

受験に大切な英語と数学を特に重視。「わかる」（解法理解）まで教え、「できる」（解法応用）、「点がとれる」（スピード訓練）まで繰り返し演習しながら、高校三年間の内容を高校二年までにマスター。高校二年からの文理別科目も余裕で仕上げられる効率的学習設計です。

2 習熟度別授業

英語・数学は、中学一年から習熟度別クラス編成による授業を実施。生徒のレベルに応じてきめ細やかに指導します。各教科ごとに作成された学習計画と、合格までのロードマップに基づいて、大学受験に向けた学力強化を図ります。

3 基礎力強化の補講と個別指導

基礎レベルの強化が必要な生徒には、放課後や夕食後の時間に、英数中心の補講を実施。特に数学においては、授業の中で行われる確認テストで合格に満たない場合は、できるまで徹底した補講を行います。さらに、カフェテリアなどでの質疑対応の形で個別指導も行います。

4 特別講習

夏期・冬期の休業中には、中学一年から高校二年まで、特別講習を実施。中学生は国・数・英の三教科を中心に、高校一年からは五教科でそれぞれ実力別に分けた講座を開講し、実力養成を図ります。高校二年からは、春期講習会も実施し、大学受験に向けて、より強化します。

5 幸福の科学大学（仮称・設置認可申請中）への進学

二〇一五年四月開学予定の幸福の科学大学への進学を目指す生徒を対象に、推薦制度を設ける予定です。留学用英語や専門基礎の先取りなど、社会で役立つ学問の基礎を指導します。

授業の様子

詳しい内容、パンフレット、募集要項のお申し込みは下記まで。

幸福の科学学園 関西中学校・高等学校

〒520-0248
滋賀県大津市仰木の里東2-16-1
TEL.077-573-7774
FAX.077-573-7775
[公式サイト]
www.kansai.happy-science.ac.jp
[お問い合わせ]
info-kansai@happy-science.ac.jp

幸福の科学学園 中学校・高等学校

〒329-3434
栃木県那須郡那須町梁瀬 487-1
TEL.0287-75-7777
FAX.0287-75-7779
[公式サイト]
www.happy-science.ac.jp
[お問い合わせ]
info-js@happy-science.ac.jp

仏法真理塾

サクセスNo.1

未来の菩薩を育て、仏国土ユートピアを目指す！

仏法真理塾「サクセスNo.1」とは

宗教法人幸福の科学による信仰教育の機関です。信仰教育・徳育にウエイトを置きつつ、将来、社会人として活躍するための学力養成にも力を注いでいます。

サクセスNo.1 東京本校（戸越精舎内）

「サクセスNo.1」のねらいには、「仏法真理と子どもの教育面での成長とを一体化させる」ということが根本にあるのです。

大川隆法総裁　御法話「『サクセスNo.1』の精神」より

仏法真理塾「サクセスNo.1」の教育について

信仰教育が育む健全な心

御法話拝聴や祈願、経典の学習会などを通して、仏の子としての「正しい心」を学びます。

学業修行で学力を伸ばす

忍耐力や集中力、克己心を磨き、努力によって道を拓く喜びを体得します。

法友との交流で友情を築く

塾生同士の交流も活発です。お互いに信仰の価値観を共有するなかで、深い友情が育まれます。

●サクセスNo.1は全国に、本校・拠点・支部校を展開しています。

東京本校
TEL.03-5750-0747　FAX.03-5750-0737

名古屋本校
TEL.052-930-6389　FAX.052-930-6390

大阪本校
TEL.06-6271-7787　FAX.06-6271-7831

京滋本校
TEL.075-694-1777　FAX.075-661-8864

神戸本校
TEL.078-381-6227　FAX.078-381-6228

西東京本校
TEL.042-643-0722　FAX.042-643-0723

札幌本校
TEL.011-768-7734　FAX.011-768-7738

福岡本校
TEL.092-732-7200　FAX.092-732-7110

宇都宮本校
TEL.028-611-4780　FAX.028-611-4781

高松本校
TEL.087-811-2775　FAX.087-821-9177

沖縄本校
TEL.098-917-0472　FAX.098-917-0473

広島拠点
TEL.090-4913-7771　FAX.082-533-7733

岡山本校
TEL.086-207-2070　FAX.086-207-2033

北陸拠点
TEL.080-3460-3754　FAX.076-464-1341

大宮拠点
TEL.048-778-9047　FAX.048-778-9047

全国支部校のお問い合わせは、
サクセスNo.1 東京本校（TEL. 03-5750-0747）まで。

メール info@success.irh.jp

エンゼルプランV

信仰教育をベースに、知育や創造活動も行っています。

信仰に基づいて、幼児の心を豊かに育む情操教育を行っています。また、知育や創造活動を通して、ひとりひとりの子どもの個性を大切に伸ばします。お母さんたちの心の交流の場ともなっています。

TEL 03-5750-0757　FAX 03-5750-0767
メール angel-plan-v@kofuku-no-kagaku.or.jp

ネバー・マインド

不登校の子どもたちを支援するスクール。

「ネバー・マインド」とは、幸福の科学グループの不登校児支援スクールです。「信仰教育」と「学業支援」「体力増強」を柱に、合宿をはじめとするさまざまなプログラムで、再登校へのチャレンジと、進路先の受験対策指導、生活リズムの改善、心の通う仲間づくりを応援します。

TEL 03-5750-1741　FAX 03-5750-0734
メール nevermind@happy-science.org

ユー・アー・エンゼル!(あなたは天使!)運動

障害児の不安や悩みに取り組み、ご両親を励まし、勇気づける、障害児支援のボランティア運動です。学生や経験豊富なボランティアを中心に、全国各地で、障害児向けの信仰教育を行っています。保護者向けには、交流会や、医療者・特別支援教育者による勉強会、メール相談を行っています。

TEL 03-5750-1741　FAX 03-5750-0734
メール you-are-angel@happy-science.org

シニア・プラン21

生涯反省で人生を再生・新生し、希望に満ちた生涯現役人生を生きる仏法真理道場です。週1回、開催される研修には、年齢を問わず、多くの方が参加しています。現在、全国8カ所(東京、名古屋、大阪、福岡、新潟、仙台、札幌、千葉)で開校中です。

東京校 TEL 03-6384-0778　FAX 03-6384-0779
メール senior-plan@kofuku-no-kagaku.or.jp

入会のご案内

あなたも、幸福の科学に集い、ほんとうの幸福を見つけてみませんか？

幸福の科学では、大川隆法総裁が説く仏法真理をもとに、「どうすれば幸福になれるのか、また、他の人を幸福にできるのか」を学び、実践しています。

入会

大川隆法総裁の教えを信じ、学ぼうとする方なら、どなたでも入会できます。入会された方には、『入会版「正心法語」』が授与されます。（入会の奉納は1,000円目安です）

ネットでも**入会**
できます。詳しくは、
下記URLへ。
happy-science.jp/joinus

三帰《さんき》誓願《せいがん》

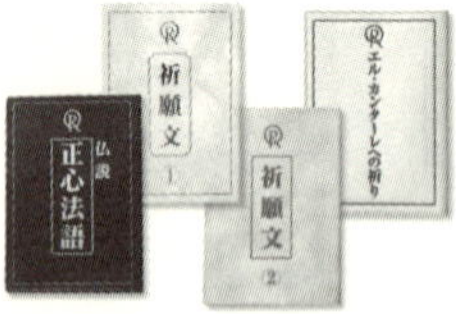

仏弟子としてさらに信仰を深めたい方は、仏・法・僧の三宝への帰依を誓う「三帰誓願式」を受けることができます。三帰誓願者には、『仏説・正心法語』『祈願文①』『祈願文②』『エル・カンターレへの祈り』が授与されます。

植福《しょくふく》の会

植福は、ユートピア建設のために、自分の富を差し出す尊い布施の行為です。布施の機会として、毎月1口1,000円からお申込みいただける、「植福の会」がございます。

「植福の会」に参加された方のうちご希望の方には、幸福の科学の小冊子（毎月1回）をお送りいたします。詳しくは、下記の電話番号までお問い合わせください。

月刊「幸福の科学」

ザ・伝道

ヤング・ブッダ

ヘルメス・エンゼルズ

INFORMATION	**幸福の科学サービスセンター** **TEL. 03-5793-1727**（受付時間 火～金：10～20時／土・日：10～18時） 宗教法人 幸福の科学 公式サイト **happy-science.jp**